高校の英文法・語法<small>が</small>1冊<small>で</small>しっかりわかる本

スタディサプリ講師

肘井 学

It is possible...

かんき出版

はじめに

　本書は、前著の『高校の英文法が1冊でしっかりわかる本』の姉妹本にあたる内容になっています。

　前著は、おかげさまで大変ご好評をいただき、多くの方に読んでいただきました。前著で好評だった**英文法を実際に使う場面がイメージできる例文ごとのイラスト**や、**応用レベルの知識であるプラスαやコラム**を、本書でも引き続き設けました。何より、**英文法を単なる無味乾燥なルールの羅列から、生きたルールに変える姿勢**は、本書でも大切にしています。**点の知識が線でつながり、1つひとつのルールに命が吹きこまれ、英語を使う人の息遣いが聞こえてくる**ような内容に仕上げています。

　本書では、前著で扱った最重要分野に次ぐ**接続詞、名詞、形容詞・副詞、前置詞**などの高校英文法の残りの分野を扱います。その中でも、**接続詞と前置詞を重点的に**扱っています。そして、新たに**語法**を扱います。**動詞の語法、形容詞・副詞の語法、名詞の語法**を扱っています。動詞の語法とは、例えば日本語の「借りる」にあたる英語には rent, borrow, use などがあり、それらをどう使い分けるかを学んでいきます。名詞の語法とは、例えば、ひと口に「お客」と言っても、customer, guest, client, audience, spectator, passenger など数多く存在するので、これらの使い分けを学んでいきます。

　前著に引き続き、**英文法の醍醐味、面白さ、そして本書ならではの語法**によって、**言葉が広げてくれる世界**を存分に味わってください。

肘井　学（ヒジイ　ガク）

もくじ

Part 1　接続詞

Part 2　名詞

Part 3　冠詞

Part 4　代名詞

Part 5　形容詞・副詞

Part 6　前置詞

[英文法コラム]

本書の５つの特長

その1 読みやすい！初学者でもわかりやすい！

本書の最大の狙いは、英文法を単なる無味乾燥なルールの羅列から、**生きたルールに変える**ことです。**一見すると見えないつながりを目に見えるものにして、各ルールの背景と理由、そして具体例を常に大切にしました。これにより、点の知識が線でつながり**、英文法の醍醐味を味わうことができます。

その2 子供から大人まで一生使える！

本書は、高校入学前の**中学生**や、**高校生**はもちろん、**社会人**や、**高校生の子供を持つ保護者の方**を想定して作られています。まさに、一生モノの英文法を学んでください。

その3 ４技能トレーニング

英文法は英語の読む・聞く・話す・書くという４技能の根底を支える大切なルールです。本書では、その英文法を**実際の４技能に当てはめるためのトレーニング**を巻末にまとめています。本書で学んだ英文法を最大限活用して、英語の４技能を高めてください。

その4 プラスα

各 Lesson での**応用的な文法事項や英文法の豆知識**をまとめました。英文法をさらに極めたい方にも楽しんでいただける内容になっています。

その5 英文法の謎に迫るコラム

なぜこのルールが存在するのか、そのルールの背景に何が存在したのかを解き明かしていきます。英文法の定番ルールの理由と背景にスポットを当てていきます。諸説ある中でも、学習に弾みをつける面白い説を取り上げています。

4技能トレーニング

（p.160 〜 p.170に掲載）

聞く力×読む力のトレーニング

　聞く力と読む力は、受信型の能力という点で共通しています。この2つは、同時に高めていくことが可能です。

Step 1　英文音声を流して、その後を追って英語を発音する

　いわゆるシャドーイングという手法ですが、これを1文につき10回行ってください。最初の5回は英文を見ながらで構いません。次の5回は英文を見ずにやってみましょう。これにより、聞く力と読む力を同時に鍛えることができます。できる限り日本語を間に入れないように、日本語訳は掲載していません。わからなくなったときは、前に戻って日本語訳を確認しましょう。

話す力のトレーニング

Step 2　英文音声を流して、ポーズにして同じ英文を発声する

　これはリッスン＆リピートという手法で、英語を音声に頼らずに、自分の口で再生する訓練です。この繰り返しにより、どんどん英語が定着して、話す力を高めてくれます。1文につき5回程度やってみましょう。

書く力のトレーニング

Step 3　巻末の英作文の問題を解く

　巻末の4技能トレーニングに、英作文の空所補充問題を掲載しています。書く力を高めるには、実際に手を動かすことが一番です。本書で確かな文法力を身につけましょう。

本書の使いかた

❶ ❷

Part 1 接続詞

Lesson 1 等位接続詞と従属接続詞

Part 1 接続詞

Lesson 1 　等位接続詞と従属接続詞 ① 🎧

❸ **ここが POINT!**
接続詞には、等位接続詞と従属接続詞がある !!

❹

等位接続詞は単語と単語、文と文をつなぐ

and や but のような**等位接続詞**は、単語と単語、**文と文**をつなぐことができます。等位という言葉どおり、teacher「教師」と writer「作家」の名詞と名詞のように、**文法上同じ性質のもの**をつなぎます。

❶ I am a teacher and writer.
🈟 私は教師であり作家でもある。

次の文のように、形容詞と形容詞をつなぐこともできます。

❷ He is poor but happy.
🈟 彼は貧しいが幸せだ。

and, but, or が等位接続詞の代表例ですが、for も等位接続詞です。「というのは〜だから」と理由を示して、文と文をつなぐことができます。

❸ I trust him, for he is my true friend.
🈟 私は彼を信頼している。というのは、彼は私の親友だからだ。

10

従属接続詞は中心の文に付属の文をつなぐ

「従属（中心のものに付属する）」の言葉どおり、when や if のような**従属接続詞**は、**中心の文に付属の文をつなぐ**ことができます。従属接続詞は、等位接続詞と違って、単語と単語をつなぐのではなく、あくまで中心の文に付属の文をつなぐ働きです。

❹ We will go out when the rain stops.
🈟 雨がやんだら外に出かけよう。

続いて、従属接続詞は、❹のように SV. 従属接続詞 S'V'. の形もあれば、次の文のように 従属接続詞 S'V', SV. とすることもできます。

❺ If you need any help, please give me a call.
🈟 助けが必要なら、私に電話してください。

等位接続詞と従属接続詞のまとめ
❶ 等位接続詞 (and, but, or, for) ⇒単語と単語、文と文をつなぐ
❷ 従属接続詞 (when や if など) ⇒中心の文に、付属の文をつなぐ

プラスα For here or to go?
ファストフード店でよく聞かれる質問です。文頭に Is this が省略されており、Is this for here or to go? で、「これはここで食べますか、それとも持ち帰りますか？」というイートインか、テイクアウトかを聞く質問になります。この表現のように、or は2つのうちのどちらか1つを選ぶ二者択一を意味します。返答は、For here, please.「ここで食べます」か To go, please.「持ち帰りで」とします。

11

---

❶ 各 Part で学ぶ単元です

❷ この見開き2ページで学ぶ項目です

❸ 各項目の学習で一番のポイントです

❹ 英語の例文と訳、解説です。文の組み立て方や訳し方をじっくり理解しましょう

❺ 応用知識や豆知識をまとめています

❻ 4技能トレーニングのページです。音声をダウンロードして、ネイティブの発音を聞きながら英文を読み、声に出して音読してください。ネイティブの発音を聞いて書く練習もできます

Part 1 接続詞

4技能トレーニング

以下の例文を読みながら、英文を聞く、読む、話す、書くトレーニングをしましょう。

聞く + 読む + 話す トレーニング 🎧

1　This book is both interesting and useful.
2　I am not from China, but from Japan.
3　Not only my wife but also my daughter was laughing.
4　When I was in high school, I often played basketball.
5　I have been working since I graduated from university.
6　The movie was so exciting that I couldn't sleep at night.
7　The fact that you are my friend is important.
8　You should study hard so that you can pass the exam.
9　By the time I got home, my family had finished dinner.
10　As soon as you get to the station, please let me know.

書く トレーニング

11　ここだけの話、この方針はよくない。
　　(　　　　)(　　　　)(　　　　)(　　　　), this policy is not good.
12　彼はとても優れた先生なので、私は彼を尊敬している。
　　He is (　　　　) an excellent teacher (　　　　) I respect him.
13　私が家に着くとすぐに雨が降り始めた。
　　No sooner (　　　)(　　　　)(　　　) home (　　　　) it started raining.

160

音声ダウンロードの手順

本書中にある「」マークの上にある数字が音声ファイル内のトラック番号です。

▶audiobook.jpで音声を聴く

1　パソコン・スマートフォンで、音声ダウンロード用のサイトに（下記の**Ⓐ**、**Ⓑ**いずれかの方法で）アクセスします。

Ⓐ

QRコード読み取りアプリを起動し、
QRコードを読み取ってください

Ⓑ

QRコードが読み取れない方はブラウザ
（https://audiobook.jp/exchange/kanki）
にアクセスしてください。

※これ以外のURLからアクセスされますと、無料のダウンロードサービスをご利用いただくことができませんのでご注意ください。

※URLは「www」などの文字を含めず、正確にご入力ください。

2　表示されたページから、audiobook.jpへの会員登録ページに進みます。
※音声ダウンロードには、audiobook.jpへの会員登録（無料）が必要です。
※既にアカウントをお持ちの方はログインしてください。

3　会員登録後、1のページに再度アクセスし、シリアルコードの入力欄に「30340」を入力して「送信」をクリックします。もし、1のページがわからなくなってしまったら、一度audiobook.jpのページを閉じ、再度手順1からやり直してください。

4　「ライブラリに追加」のボタンをクリックします。

5　スマートフォンの場合はアプリ「audiobook」をインストールしてご利用ください。パソコンの場合は、「ライブラリ」から音声ファイルをダウンロードしてご利用ください。

〈ご注意〉

・ダウンロードには、audiobook.jpへの会員登録（無料）が必要です。

・パソコンからでもiPhoneやAndroidのスマートフォンからでも音声を再生いただけます。

・音声は何度でもダウンロード・再生いただくことができます。

・書籍に表示されているURL以外からアクセスされますと、音声をご利用いただけません。URLの入力間違いにご注意ください。

・ダウンロードについてのお問い合わせ先：info@febe.jp（受付時間：平日の10時〜20時）

▶音声データを直接ダウンロードする

https://kanki-pub.co.jp/pages/gheibun/
　　　パソコンから

スマートフォンから

※直接ダウンロードについてのお問い合わせ先：https://kanki-pub.co.jp/pages/infodl

Part 1 接続詞

Lesson 1 等位接続詞と従属接続詞

01

> **ここが POINT!**
>
> 接続詞には、等位接続詞と従属接続詞がある !!

等位接続詞は単語と単語、文と文をつなぐ

　and や but のような**等位接続詞**は、**単語と単語、文と文**をつなぐことができます。等位という言葉どおり、teacher「教師」と writer「作家」の名詞と名詞のように、**文法上同じ性質のもの**をつなぎます。

❶ **I am a teacher and writer.**

　🈩 私は教師であり作家でもある。

　次の文のように、**形容詞と形容詞**をつなぐこともできます。

❷ **He is poor but happy.**

　🈩 彼は貧しいが幸せだ。

　and, but, or が等位接続詞の代表例ですが、for も等位接続詞です。「というのは〜だから」と理由を示して、文と文をつなぐことができます。

❸ **I trust him, for he is my true friend.**

　🈩 私は彼を信頼している。というのは、
　　　彼は私の親友だからだ。

従属接続詞は中心の文に付属の文をつなぐ

　従属（中心のものに付属する）の言葉どおり、when や if のような従属接続詞は、**中心の文に付属の文をつなぐ**ことができます。従属接続詞は、等位接続詞と違って、単語と単語をつなぐのではなく、あくまで**中心の文に付属の文をつなぐ働き**です。

> ❹ We will go out **when** the rain stops.
> 訳 雨がやんだら外に出かけよう。

　続いて、従属接続詞は、❹のように SV 従属接続詞 S'V'. の形もあれば、次の文のように 従属接続詞 S'V', SV. とすることもできます。

> ❺ **If** you need any help, please give me a call.
> 訳 助けが必要なら、私に電話してください。

> 等位接続詞と従属接続詞のまとめ
> ❶ 等位接続詞（and, but, or, for）⇒単語と単語、文と文をつなぐ
> ❷ 従属接続詞（when や if など）⇒中心の文に、付属の文をつなぐ

プラス
α　For here or to go?

　ファストフード店でよく聞かれる質問です。文頭に Is this が省略されており、Is this for here or to go? で、「これはここで食べますか、それとも持ち帰りますか？」というイートインか、テイクアウトかを聞く質問になります。この表現のように、or は2つのうちのどちらか1つを選ぶ二者択一を意味します。返答は、For here, please.「ここで食べます」か To go, please.「持ち帰りで」とします。

Lesson 2 相関接続詞

02

> **ここがPOINT!**
> 相関接続詞は、先に出てくる単語に注意する!!

　相関接続詞は、and, but, or を使って表す表現です。相関（2つのものが密接に関係する）という言葉どおり、both A and B「AとBの両方」や、either A or B「AかBのどちらか」のように、and や or の手前の単語とセットで使う表現です。

andを使った相関接続詞

　and を使った相関接続詞には、both A and B「AとBの両方」があります。

> ❶ This book is **both** interesting **and** useful.
> 訳 この本は、面白いし役に立つ。

　続いて、between A and B「AとBの間に」です。会話表現でも、between you and me「あなたと私の間で」＝「ここだけの話」と、内緒話をする文脈で使うことができます。

> ❷ **Between** you **and** me, this policy is not good.
> 訳 ここだけの話、この方針はよくない。

butを使った相関接続詞

　続いて、but を使った相関接続詞には、not A but B「AではなくてB」があります。この表現の but は「しかし」と訳してはいけません。この表現に気付くコツは、最初の not に反応して、but を見つけることです。AとBには、**対比構造**と呼ばれる反対の内容がきます。

　この表現は、B, not A に置きかえられることも多いので注意しましょう。not A but B の not A を後ろに回します。すると、but B, not A になりますが、この時点で接続詞の

but は何かをつなぐ働きをしなくなるので不要となり、省略されます。こうして、B, not A
「A ではなくて B」が完成します。

---

❸ I am not from China, but from Japan.

訳 私は中国出身ではなくて、日本出身だ。

❸´ I am from Japan, not from China.

訳 私は中国出身ではなくて、日本出身だ。

中 国　　日 本

　続いて、not only A but also B「A だけではなく B も」です。この表現は、also がなくなっ
て、not only A but B となることも多いので注意しましょう。not A but B が対比を作るの
に対して、not only A but also B は追加を意味します。A という情報に B という情報を加
えたいときに、この表現を使います。
　ちなみに、この表現は B as well as A「A だけではなく B も」に置きかえることが可能
です。

**❹ Not only my wife but also my daughter was
laughing.**

訳 私の妻だけではなく娘も笑っていた。

❹´ My daughter as well as my wife was laughing.

訳 私の妻だけではなく娘も笑っていた。

orを使った相関接続詞

　続いて、or を使った相関接続詞を紹介します。either A or B「A か B のどちらか」です。or を単独で使う場合よりも二者択一の意味合いが強くなります。

> ❺ **Either** you **or** I have to take care of her.
>
> 訳 あなたか私のどちらかが彼女の面倒を見なければならない。

　次に、either と or に否定を意味する n を付けて、neither A nor B「A も B も～ない」の表現です。

> ❻ **Neither** he **nor** his wife has arrived.
>
> 訳 彼も彼の妻もまだ到着していない。

> **相関接続詞のまとめ**
>
> ❶ and と相関するもの ⇒ both A and B「A と B の両方」
> between A and B「A と B の間に」
> ❷ but と相関するもの ⇒ not A but B「A ではなくて B」
> not only A but also B「A だけではなく B も」
> ❸ or と相関するもの ⇒ either A or B「A か B のどちらか」
> neither A nor B「A も B も～ない」

プラス
α　命令文＋等位接続詞／同格の or

　等位接続詞の応用で、命令文とセットで使われると、and や or が特別な意味で使われることがあります。例えば、**命令文 ～ , and … .** とすると、「～しなさい、そうすれば…」となって、～と…に因果関係を作ることができます。

Get up early, **and** you'll be on time for school.
訳　早く起きなさい、そうすれば学校に間に合うだろう。

　一方で、**命令文 ～ , or … .** とすると、「～しなさい、さもなければ…」となって、脅迫（きょうはく）めいた文脈で使うことができます。

Get up early, **or** you'll be late for the party.
訳　早く起きなさい、さもなければパーティに遅れるだろう。

　続いて、応用編です。次の文を or に注意してご覧ください。

We must leave now, **or** we'll miss the train.
訳　私たちは今出発しなければならない、さもなければ電車に乗り遅れるだろう。

　命令文 ～ , or … .「～しなさい、さもなければ…」の表現を扱いましたが、命令文の代わりに、**助動詞の must** を使っても同じ表現になります。must は「～しなければならない」と助動詞のなかでもかなり強い意味で、命令文に相当するからです。
　最後の例文です。

I am interested in botany, **or** the study of plants.
訳　私は植物学、すなわち植物の研究に興味がある。

　この例文で使用される or は同格の or といって、「すなわち」と訳します。同格とは同じ関係という意味なので、前後をイコールの関係で結ぶことができます。or の前にカンマがあるのが目印になります。上の例文でも、「植物学、すなわち植物の研究」というイコールの関係で同格の or を識別しましょう。

Lesson 3 従属接続詞①（時）

03

> **ここがPOINT!**
>
> 「〜時」の when,「〜間」の while／「前後」の before, after／「〜以来」の since

「〜時」はwhen,「〜間」はwhile

　中心となる文に付属の文をつなぐ従属接続詞を、時、理由・因果関係、条件などと意味でグループ分けをしていきます。時を表す接続詞でいちばん簡単なものに、when「〜時」があります。

> ❶ When I was in high school, I often played basketball.
>
> 訳 高校生の時に、よくバスケットボールをした。

　「大学生の時」、「高校生の時」、「中学生の時」、「小学生の時」などと、実は英会話でとても重宝する表現です。しかし、私も最初にこの表現を使った時、when I was a high school student としてしまい、ネイティブに「あまりそうは言わないなあ、普通は when I was in high school でいいよ」と言われた記憶があります。

　もちろん私が使った表現も文法的には正しいのですが、英語らしい表現ではありません。ネイティブにとっては、このような回想の場面では、「私が1人の高校生だった時」というより、「私が高校に所属していた時」のほうが感覚に近いということでしょう。「大学生の時」when I was in university、「高校生の時」when I was in high school、「中学生の時」when I was in junior high school、「小学生の時」when I was in elementary school といずれも便利な表現なので、何度も暗唱して使えるようにするとよいでしょう。

　続いて、while「〜間」です。while は、「留守だった間」、「待っている間」、「外出している間」のように、一定の時間の間という意味です。

> ❷ My mother came while I was out.
>
> 訳 外出中に、母親がやってきた。

Part
1

接続詞

「前後」はbefore, after

続いて、before「〜する前」、after「〜する後」です。

> ❸ You have to wash your hands before you eat lunch.
>
> 訳 昼食を食べる前に手を洗わなければいけないよ。
>
> ❹ After you finish the book, please lend it to me.
>
> 訳 その本を読み終えたら、私に貸してください。

「〜以来」はsince

時の since は「〜以来」という意味です。例えば「大学卒業以来」と言いたいとき、since I graduated from university とします。「以来」とは、正確には「〜からずっと」と継続しているニュアンスがあるので、基本的には完了形とセットで使うことに注意しましょう。

> ❺ I have been working since I graduated from university.
>
> 訳 大学卒業以来、私は働いている。

従属接続詞①（時）のまとめ

when「〜時」／while「〜間」／before「〜する前」／after「〜する後」／
since「〜以来」

Lesson 4 従属接続詞②（理由・因果関係）

> **ここが POINT!**
>
> 理由は because, since, as で、因果関係は so (such) 〜 that …

　理由の意味の接続詞は、結論とセットでよく使います。因果関係とは、原因と結果の関係のことをいいます。

理由の接続詞はbecause, since, as

　理由を表す代表的な接続詞は because「〜だから」です。中心となる文の後ろに置かれることが多くなります。

> **❶ I studied English hard because I liked it.**
>
> 訳 私が英語を熱心に勉強したのはそれが好きだったからだ。

　続いて、since「〜ので」になります。文頭で使うことが多くなり、すでに明らかな原因や理由を述べるときに使います。時の since「〜以来」は完了形とセットで使うことをヒントに、理由の since と区別しましょう。

> **❷ Since I had a cold, I went to bed early yesterday.**
>
> 訳 風邪をひいていたので、昨日は早く寝た。
>
>

　最後が as「〜ので」です。これは理由を述べる表現としては最も弱く、since と同様に、文頭に置かれることが多くなります。

> **❸ As I didn't have any money, I couldn't go out.**
>
> 訳 お金がなかったので、私は外出できなかった。

so（such）〜 that …は因果関係

　so 〜 that …「とても〜なので…」は因果関係を作ります。that の手前が原因で、後ろが結果を表します。例えば、「映画がとても面白かった」という原因が、「夜眠れなかった」という結果を引き起こします。

❹ **The movie was so exciting that I couldn't sleep at night.**

🈩 その映画はとても面白かったので、
　　私は夜眠れなかった。

　続いて、such 〜 that … も「とても〜なので…」と因果関係を作ります。so 〜 that … とは品詞が異なります。so は副詞なので、後ろに名詞は置かず、副詞か形容詞を置きます。一方で、such は形容詞なので後ろに名詞を置きます。下の例文のように、such が形容詞なので、後ろに名詞の an excellent teacher を置きます。

❺ **He is such an excellent teacher that I respect him.**

🈩 彼はとても優れた先生なので、
　　私は彼を尊敬している。

> **従属接続詞②（理由・因果関係）のまとめ**
> ● because「〜だから」／ since「〜ので」／ as「〜ので」
> ● so（such）〜 that …「とても〜なので…」

プラス
α　**英文の情報構造**

　左のページで、because は後ろに置かれて、since, as は文頭に置かれることが多いと述べましたが、なぜこういった違いが生まれるのでしょうか。それには、英語の情報構造のルールが関係しています。英語の情報構造は、旧情報から新情報へと流れていき、文頭にはさほど重要ではなく、聞き手が既に知っている旧情報を置きます。一方で、文末には重要な新情報を置きます。よって、because は重要なメッセージなので後ろに置くことが多くなり、since や as は理由としては弱い表現なので、前に置くことが多くなります。

Lesson 5　従属接続詞③（条件・譲歩）

> **ここが POINT!**
>
> 条件の接続詞は if, unless／譲歩の接続詞は though, although, while, whether

　条件の副詞節には p. 11で登場した if「もし〜なら」や否定的な unless「〜しない限り」があります。譲歩とは「〜だけれども」という意味で、いったん反対の説の根拠を認めることで、自説の主張の説得力を高める手法です。

条件の接続詞はifとunless

　if は p.11 ❺ で紹介したので、ここでは、否定的な条件を付ける unless「〜しない限り」を紹介します。後ろに置かれることが多くなります。例えば、下の文のように「迎えに行くよ、例外は雪が降った場合だけ」というように、例外を表します。

> ❶ I'll pick you up, **unless** it snows.
> (訳) 雪が降らない限り、迎えに行くよ。

　続いて、譲歩を表す接続詞です。

譲歩の接続詞はthough, although, while

　although「〜だけれども」の意味で、though も同じ意味です。although は、少しかたい表現なので書き言葉に適しており、通常話し言葉では though を使います。

> ❷ **Although** he is old, he is very active.
> (訳) 彼は年をとっているけれども、とても活発だ。

　although（though）は、文頭では「〜だけれども」で十分ですが、後ろに置かれた場合は「もっとも〜だが」と訳すと、英語の語順通り左から右に読み進めることができます。

❸ I went to work yesterday, though I had a little fever.

㉙ 私は昨日仕事に行った、
もっとも少し熱はあったが。

　続いて、while も譲歩の意味で「〜だけれども」と使うことができます。例えば、例文❹のように、「彼はシャイだけれども、妻は社交的だ」と、夫はシャイだけれども、それに反して妻は社交的だといった文脈で使用することができます。

❹ While he is shy, his wife is outgoing.

㉙ 彼はシャイだけれども、彼の妻は社交的だ。

Shy　outgoing

　まとめると、条件の接続詞は if「もし〜なら」、反対の意味で使われる unless「〜しない限り」と、譲歩の接続詞は although（though）, while「〜だけれども」です。

┌─────────────────────────────
│ 従属接続詞③（条件・譲歩）のまとめ
│ ● if「もし〜なら」／ unless「〜しない限り」 = 例外を表す
│ ● although[though]／ while「〜だけれども、もっとも〜だが」
└─────────────────────────────

プラスα　whether 〜 or not

　whether も、whether 〜 or not「〜だろうとそうでなかろうと」と、譲歩に近い意味で使うことができます。whether は or not と非常に相性がよいので、セットでおさえておきましょう。下の例文のように、「嫌いなら普通はやらなくてもいいのに、それでもやらないと」のような文脈で使います。

Whether you like it or not, you have to do your homework.

㉙ 好きだろうとそうでなかろうと、あなたは宿題をしなければならない。

Lesson 6 接続詞のthat①

06

> **ここが POINT!**
>
> 接続詞の that は、名詞節の that と同格の that

　that で最もなじみがある意味の「あれ、それ」は、品詞でいうと**代名詞の that** になります。それ以上に重要なのが**接続詞の that** で、おもに**名詞節（名詞の意味のカタマリ）を作る働き**と、**同格の that** があります。

名詞節のthat「〜ということ」は文のS, O, Cになる

　名詞節の that は「**〜ということ**」と名詞のカタマリを作り、**文の主語**で使うことがあります。例えば、that he is married「彼が結婚していること」と名詞節を作り、文の S になります。

> ❶ **That** he is married is surprising.
> ⇒ It is surprising **that** he is married.
>
> 訳 彼が結婚していることは驚きだ。

　なお、❶のように名詞節の that を主語で使う場合は、**形式主語の it を置いて、後ろに回すのが英語らしい文体**になります。次に、that he is married を目的語で使います。

> ❷ I know **that** he is married.
>
> 訳 私は彼が結婚していることを知っている。

　最後に、that he is married を文の補語で使います。例えば、The fact is that 〜 .「事実は〜ことだ」を「実は〜」と意訳します。

> ❸ The fact is **that** he is married.
>
> 訳 実は、彼は結婚している。

名詞節の that を補語で使う表現を紹介します。

The 名詞 is that ～ .の表現	直訳	意訳
The fact is that ～ .	事実は～ことだ	実は～
The trouble (problem) is that ～ .	問題は～ことだ	困ったことに～
The probability is that ～ .	可能性は～ことだ	おそらく～

続いて、同格の that の例文を見ていきます。

同格のthatは、名詞 + that ～「～という 名詞」

　同格とは同じ関係を意味して、前後がイコールの関係になります。名詞 + that ～「～という名詞」と訳します。名詞と～にイコールの関係が成り立つので、同格の that といいます。例えば、the fact that you are my friend「あなたが私の友人であるという事実」のように使います。

❹ The fact **that** you are my friend is important.

訳　あなたが私の友人であるという事実が重要だ。

同格の that と相性のよい名詞をセットで覚えておきましょう。

同格の that と相性のよい名詞	意味
the fact that ～	～という事実
the news that ～	～という知らせ
the idea that ～	～という考え

┌─ 接続詞の that ①のまとめ ─
● 名詞節の that「～ということ」⇒ 文の S, O, C になる
● 同格の that「～という 名詞」⇒ the fact that ～ , the news that ～など

Lesson 7 接続詞のthat②

07

> **ここが POINT!**
>
> so that S + 助動詞 は「様態」／〜 , so that は「結果」／ in that は「理由」

　他の語とセットで使われる接続詞の that の用法を見ていきます。so that S + 助動詞 「S が〜するように」／〜 , so that 「〜して、（その結果）…」／ in that 「〜という理由で」を紹介します。

so that S + 助動詞 は「様態」の意味

　so that S + 助動詞 「S が〜するように」は様態の意味になります。様態とは、動作の様子を「〜ように」と表すものです。文脈によって、「〜するために」と目的の意味でとらえても構いません。助動詞がこの表現の特徴で、can, will, may などがよく使われます。

---

❶ You should study hard so that you can pass the exam.

訳 試験に合格できるように、
　　一生懸命勉強すべきだ。

合格！

---

　so that は例外的に結果を表すこともあります。so that の前にカンマがあることが特徴です。〜 , so that …で、「〜して、（その結果）…」となります。

---

❷ The manager is here now, so that the meeting can start.

訳 部長が来たので、
　　（その結果）会議を始められる。

お待たせ〜

---

　so that の様態（目的）と結果の用法は、様態の意味では助動詞があること、結果の意味ではカンマがあることをヒントに区別しましょう。

in thatは「理由」

　本来、前置詞と that は使用しないのですが、例外的に in that 「〜という点で（理由で）」という表現は前置詞と that を使うことができます。

❸ Men differ from animals **in that** they can think and speak.

訳 人間は考え、話すことができる点で動物とは異なる。

bow-wow
hello

❸の例文も、in that「〜という点で」と訳してはいますが、ほとんどの場合で「〜という理由で」と解釈することもできます。❸も、「人間は考えたり話したりすることができるので、動物とは異なる」と解釈してもよいでしょう。in that と正反対の表現で、except that「〜を除いて」という表現も、例外的に前置詞と that を使う表現になります。

❹ I had a pleasant time, **except that** the weather was cold.

訳 寒かった点を除いては、私は楽しいひと時を過ごした。

> **接続詞の that ②のまとめ**
> 【様態】
> ● so that S 助動詞 「S が〜するように（ために）」
> 【結果】
> ● 〜, so that … .　　　「〜して、（その結果）…」
> 【理由】
> ● in that「〜という点で（理由で）」　⇔　except that「〜を除いて」

プラス
α　様態の as

　p. 18❸で、理由の意味で as を紹介しましたが、as には様態「〜ように」の意味もあります。as you know「あなたが知っているように」のような決まり文句にも使います。

As you know, we are running short of money.
訳 ご存じのように、私たちは資金が不足している。

Lesson 8 他品詞から転用された接続詞

> **ここが POINT!**
> 副詞（副詞句）と前置詞句から転用された接続詞

　接続詞の中には、**元々別の品詞から転用されて接続詞のように使われるもの**があります。副詞と違って、接続詞はそこから意味のカタマリが始まるので注意が必要になります。

副詞（副詞句）から転用されたもの

　元々副詞や副詞句だったものが、接続詞のように使われるものがあります。例えば、once は元々副詞で「一度」という意味ですが、接続詞として使われると、Once S'V', SV.「一度 S' が V' すると、S が V する」となります。「一度その国を訪れると、気に入るだろう」のような文脈で使います。

---

❶ Once you visit the country, you will like it.

訳 一度その国を訪れたら、あなたはそこを気に入るだろう。

　続いて、now も元々副詞で「今」という意味ですが、接続詞で使われると、Now that S'V', SV.「今や S' が V' なので、S が V する」となります。that は省略されることもあります。例えば、「彼女はもう大人なので、そういう扱いをすべきだ」という文脈で使います。

---

❷ Now that she is an adult, you should treat her as such.

訳 今や彼女は大人なので、あなたはそのような扱いをすべきだ。

　続いて、every time「毎回」という副詞が接続詞として使われると、Every time S'V', SV.「S' が V' するたびに、S が V する」となります。Each time も近い意味です。

❸ **Every time** I listen to the song, I feel very happy.

㊙ その曲を聞くたびに、
とても幸せな気分になれる。

次に、前置詞句から転用されて接続詞のように使う表現に進みます。

前置詞句から転用されたもの

元々 by the time「そのときまでには」という前置詞句が接続詞のように転用されて、By the time S'V', SV.「S' が V' するときまでには、S が V する」と使います。「〜になるまでには、…したい」という文脈で使うことができます。

❹ **By the time** I am thirty, I want to get married.

㊙ 30歳になるまでには、結婚したい。

続いて、in case「場合に」という前置詞句が接続詞のように転用されて、SV in case S'V'.「S' が V' する場合に備えて、S が V する」と使います。「雨が降った場合」、「雪が降った場合」、「道に迷った場合」のように使用します。

❺ You should leave now **in case** it rains.

㊙ 雨が降る場合に備えて、あなたは今出発すべきだ。

他品詞から転用された接続詞のまとめ

【副詞から転用】
● Once S'V', SV.　　　　　　　「一度 S' が V' すると、S が V する」
● Now (that) S'V', SV.　　　　「今や S' が V' なので、S が V する」
● Every (Each) time S'V', SV.「S' が V' するたびに、S が V する」
【前置詞句から転用】
● By the time S'V', SV.　　　　「S' が V' する時までには、S が V する」
● SV in case S'V'.　　　　　　　「S' が V' する場合に備えて、S が V する」

Lesson 9 区別が必要な接続詞

> **ここが POINT!**
>
> whether と if ／ until と by the time を区別する !!

　すでに紹介した whether「〜だろうとなかろうと」や if「もし〜なら」の意味は、副詞節（副詞のカタマリ）で使われるときです。これらが**名詞節（名詞のカタマリ）**で使われると、whether も if も「〜かどうか」になるので区別する必要があります。

名詞節のwhetherとifの区別

　名詞節の whether「〜かどうか」は、主語、目的語、補語で使うことができます。例えば、whether you do it yourself or not「あなたがそれを自分でやるかどうか」と名詞のカタマリを作ります。副詞節のときと同様に、whether は or not とセットと覚えておきましょう。

> ❶ **Whether** you do it yourself or not is important.
>
> 訳 あなたがそれを自分でやるかどうかが重要だ。

　一方、名詞節の if は❶のように主語で使うことができません。目的語でしか使うことができず、know や wonder の目的語か ask O_1 O_2「O_1にO_2を尋ねる」のO_2に使うことがほとんどです。例えば、if she will like the present「彼女がそれを気に入るかどうか」と名詞節を作ります。

> ❷ I don't know **if** she will like the present.
>
> 訳 私には、彼女がそのプレゼントを気に入るかどうかがわからない。

---

　if と whether の名詞節の違いは、**if は目的語で使うことは可能ですが、主語や補語で使うことはできません。**よって、if と whether の2択で迷ったら、万能である whether を使いましょう。

　次に、until と by the time の区別に進みます。

untilとby the timeの区別

　until は till と同様の意味で「～までずっと」という意味です。書き言葉では until、会話では till がよく使われます。until は「食べ続ける」、「待ち続ける」のように、**何かが継続する文脈**で使います。理由は後から説明しますが、決して「～まで」と覚えないでください。

❸ He always eats until he is full.

訳 彼は、いつもお腹いっぱいになるまでずっと食べる。

　続いて、by the time は「～する時までには」と覚えましょう。「～時までには終えた」や「到着した」と**動作が完了する文脈**でよく使います。

❹ By the time I got home, my family had finished dinner.

訳 私が家に帰る時までには、家族は夕食を終えていた。

ごちそうさまでした

　until や by the time を「～まで」と覚えてしまうと、両者の区別がつかなくなってしまいます。2つをはっきりと区別して、それぞれ「**～までずっと**」、「**～する時までには**」と違いを意識して覚えておきましょう。

区別が必要な接続詞のまとめ
● 名詞節の whether「～かどうか」⇒ 文の S, O, C になる
　　⇔ 名詞節の if　　「～かどうか」⇒ 文の O になる
● until（till）「～までずっと」⇔ by the time「～する時までには」

Part 1 接続詞

Lesson 10 「〜するとすぐに」

ここが POINT!

「〜するとすぐに」は、as soon as ／ no sooner A than B

「〜するとすぐに」は、**as soon as** と **no sooner A than B** に分けて理解します。as soon as は接続詞の働きで、no sooner A than B は、副詞＋接続詞という違いがあるので、別々に理解したほうが、きれいに整理することができます。

as soon as S'V', SV.「S'がV'するとすぐにSがVする」

元々は soon「すぐに」という副詞でしたが、比較の原級表現である as 〜 as と合わさって、**as soon as S'V', SV.**「S' が V' するとすぐに、S が V する」と接続詞のように使われるようになりました。例えば、「駅に着いたらすぐに、連絡をください」といった文脈で使うことができます。

❶ As soon as you get to the station, please let me know.

訳 駅に着いたらすぐに、私に知らせてください。

この表現は、as soon as を the moment に置きかえることも可能です。**The moment S'V', SV.** でほぼ同じ意味になります。moment「瞬間」という意味からも、「〜する瞬間に」＝「〜するとすぐに」の意味になることがわかります。

❶' The moment you get to the station, please let me know.

訳 駅に着いたらすぐに、知らせてください。

続いて、no sooner A than B「A するとすぐに B」に進みます。

no sooner A than B「AするとすぐにB」

no sooner A than B「AするとすぐにB」は、no sooner が副詞なので、過去完了の had と過去分詞の間に置きます。例えば、「私は家に着くとすぐに眠り込んでしまった」のような文脈で使います。

> ❷ I had **no sooner** gotten home **than** I fell asleep.
> 訳 私は家に着くとすぐに眠り込んだ。

続いて、no sooner A than B の表現は、hardly A when B、scarcely A before B に置きかえることができます。両方とも「Aするとすぐに B」の表現になります。

> ❷' I had **hardly** gotten home **when** I fell asleep.
> ❷" I had **scarcely** gotten home **before** I fell asleep.

> **「〜するとすぐに」のまとめ**
> ● as soon as (the moment) S'V', SV.「S' が V' するとすぐに、S が V する」
> ● no sooner A than B (hardly A when B, scarcely A before B)「A するとすぐに B」

プラスα **no sooner の倒置に注意する !!**

no sooner (hardly, scarcely) は、副詞なので文頭に置くことも可能です。**否定の副詞が文頭に出ると、後ろが倒置（疑問文の語順）することに注意しましょう。**hardly, scarcely も「ほとんど〜ない」という否定の副詞なので、文頭に出ると倒置が起きます。

> **No sooner** had I gotten home **than** it started raining.
> 訳 私が家に着くとすぐに雨が降り始めた。

ちなみに、「A するとすぐに B」の日本語からわかるとおり、A と B は時制がずれて、A が最初、B がその次なので、この場合、**A が過去完了形、B に過去形**が使用されます。

Part1　接続詞のまとめ

Lesson1　等位接続詞と従属接続詞
Lesson2　相関接続詞

●等位接続詞（and ／ but ／ or ／ for）⇒ 単語と単語、文と文をつなぐ
　相関接続詞
　・ both A and B「A と B の両方」／ between A and B「A と B の間で」
　・ not A but B「A ではなくて B」／ not only A but also B「A だけでは
　　なく B も」
　・ either A or B「A か B のどちらか」／ neither A nor B「A も B も〜な
　　い」
●従属接続詞（when や if など）⇒ 中心の文に、付属の文をつなぐ

Lesson3 〜 5　従属接続詞（時・理由・因果関係・条件・譲歩）

●時を表す接続詞（when「〜時」／ while「〜間」／ before「〜する前」
　／ after「〜する後」／ since「〜以来」）
●理由・因果関係を表す接続詞（because「〜だから」／ since「〜ので」
　／ as「〜ので」／ so（such）〜 that …「とても〜なので…」）
●条件を表す接続詞（if「もし〜なら」／ unless「〜しない限り」）
●譲歩を表す接続詞（although（though）／ while「〜だけれども」）

Lesson6・7　接続詞の that ①・②

●名詞節の that「〜ということ」／同格の that「〜という 名詞 」
● so that S ＋ 助動詞 「S が〜するように（ために）」
●〜 , so that … .「〜して、（その結果）…」
● in that「〜という点（理由）で」⇔ except that「〜を除いて」

Lesson8 他品詞から転用された接続詞

● Once S'V', SV.　　　　　　「一度 S' が V' すると、S が V する」
● Now (that) S'V', SV.　　　　「今や S' が V' なので、S が V する」
● Every (Each) time S'V', SV.「S' が V' する度に、S が V する」
● By the time S'V', SV.　　　　「S' が V' する時までには、S が V する」
● SV in case S'V'.　　　　　　「S' が V' する場合に備えて、S が V する」

Lesson9 区別が必要な接続詞

●名詞節の whether「〜かどうか」= 文の S, O, C になる
　　⟷ 名詞節の if　　「〜かどうか」= 文の O になる
● until (till)「〜までずっと」⇔ by the time「〜する時までには」

Lesson10「〜するとすぐに」

● as soon as (the moment) S'V', SV.「S' が V' するとすぐに、S が V する」
● no sooner A than B (hardly A when B, scarcely A before B)
　「A するとすぐに B」

COLUMN

英文法コラム①

no sooner A than Bの謎を解き明かす‼

　私自身も高校生のときには、no sooner A than B「AするとすぐにB」やas soon as S'V', SV.「S' が V' するとすぐに、S が V する」を丸暗記していました。少し立ち止まって、なぜそういう意味になるのかを考えてみましょう。両者に共通する単語は何でしょうか。そうです、soon が共通しています。soon は、「少しの間をおいて」という意味になります。p.31❷で扱った例文をもう一度見ていきましょう。

> 例 I had **no sooner** gotten home **than** I fell asleep.
>
> 訳 私は家に着くとすぐに眠り込んだ。

---

　than 以下が基準になります。直訳すると、「眠るのと、家に着いてからの間がまったくなかった」です。no は「まったく〜ない」と強く打ち消すので、こういった意味になります。すなわち、左から英語の語順どおりに訳すと、「家に着くと同時に眠ってしまった」になります。ですから、no sooner A than B は正確には、「A すると同時に B」で、「A するとすぐに B」は、やや正確性を欠いた訳と言わざるを得ません。

　続いて、hardly A when B と scarcely A before B に進みます。before のほうがよりイメージしやすいので、こちらを使います。

> 例 I had **scarcely** gotten home **before** I fell asleep.
>
> 訳 私は家に着くとすぐに眠り込んだ。

これも、hardly, scarcely ともに「ほとんど～ない」という否定語なので、「眠るのと、家に着いてからの時間差がほとんどなかった」、すなわち、左から英語の語順どおりに訳すと、「家に着くとすぐに眠ってしまった」となり、こちらは元々の「A するとすぐに B」の訳がピッタリだとわかるはずです。

例 As soon as you get to the station, please let me know.

訳 駅に着いたらすぐに、私に知らせてください。

最後に、as soon as です。これも soon「少しの間をおいて」が使われています。原級表現の as ～ as ...「…と同じくらい～」と合わせると、「あなたが駅に着くのと同時に、私に知らせて」＝「駅に着いたらすぐに、私に知らせてください」となります。

以上が、no sooner A than B と as soon as S'V', SV. の謎でした。soon の「間もなく」や「少し間をおいて」という意味がわかると、ストンと頭に入るでしょう。前者は「B するのと、A してからの間が、まったくない」＝「A するのと同時に B」が厳密な訳で、「A するとすぐに B」が一般的に通用している訳です。後者は、「S' が V' するのと同時に、S が V する」＝「S' が V' するとすぐに、S が V する」になります。

Part 2 名詞

Lesson 11 可算名詞と不可算名詞

> **ここが POINT!**
> 英語の名詞には、数えられる名詞と数えられない名詞がある

英語の名詞には、**数えられる名詞**と、**数えられない名詞**があります。数えられる名詞を**可算名詞**といい、数えられない名詞を**不可算名詞**といいます。

不可算名詞はa(an)を付けず、複数形にしない

可算名詞と不可算名詞の違いとして、**不可算名詞は数えられないので、単数を示す冠詞の a, an を付けたり、複数形にすることができません**。例えば、information「情報」は不可算名詞の代表例ですが、単数を示す an information や複数形の informations とはしません。

> × an information
>   informations

続いて、不可算名詞は「多い」、「少ない」というときに注意が必要です。

不可算名詞の「多い」・「少ない」はmuchとlittleを使う

不可算名詞を「多い」というときに、可算名詞で使うように many を使うことはできません。その代わりに much を使います。不可算名詞の代表例である money が「多い」というときに、many money とはせずに、much money とします。

> × many money
> ⇒ ○ much money

また、不可算名詞の money を「少ない」というときに、可算名詞で使う few「少ない」を使うことはできません。その代わりに、little「少ない」を使います。few money とはいわずに、little money とします。

> × few money
> ⇒ ○ little money

続いて、可算名詞と不可算名詞の両方に使用できる表現をとりあげていきます。

a lot ofとsomeは可算名詞・不可算名詞両方に使用できる

　可算名詞、不可算名詞の使い分けに困ったときに、おすすめなのが a lot of「たくさんの」です。これは、**可算名詞、不可算名詞の両方に使用できる**優れモノです。例えば、furniture「家具」は不可算名詞ですが、「たくさんの家具」と言いたいときに、a lot of furniture とすればいいのです。

> ❶ There is **a lot of** furniture in this shop.
>
> 🈩 このお店にはたくさんの家具がある。

　冒頭で、不可算名詞には単数を示す a, an などの冠詞を付けないと解説しました。では、不可算名詞は前に何も付けずに使うのでしょうか。ネイティブの感覚でも、不可算名詞とはいえ、何も付けずに使うのは違和感があるので、some を使います。

> ❷ I need **some** information about this place.
>
> 🈩 私はこの場所に関する情報を必要としている。

可算名詞と不可算名詞のまとめ

	可算名詞	不可算名詞
多い	many	much
少ない	few	little
a, an	○	×
複数形	○	×
a lot of	○	○
some	○	○

Lesson 12 不可算名詞の種類

> **ここがPOINT!**
>
> 不可算名詞は、全部ひとまとめ・物質名詞・抽象名詞の3種類

　不可算名詞で疑問に思うのが、例えば Lesson11で登場した **money** がなぜ数えられない名詞なのかという点です。例えば、十円玉は1枚、2枚と数えますし、千円札も1枚、2枚と数えます。

moneyは「お金全部」の意味

　実は、この「十円玉」は「硬貨」のことで英語ではcoin、千円札は「紙幣」でbillなので、money とは異なります。money の正体は coin「硬貨」や bill「紙幣」をすべてひっくるめた「お金全部」という意味なのです。よって、1つ、2つとは数えないので、不可算名詞になります。

> **全部ひとまとめで考える不可算名詞**
>
> ❶ money (coin + bill)
> 　＝「お金全部」

　それから、p.37の例文❶で登場した furniture「家具」も数えられない名詞と言われてもピンときません。机は1台、2台、椅子も1脚、2脚と数えることができます。実は、机は desk で、椅子は chair で、furniture とは異なるものです。furniture の正体は desk や chair をすべてひっくるめた「家具全部」という意味なのです。よって、money と同様に不可算名詞になります。

> **全部ひとまとめで考える不可算名詞**
>
> ❷ furniture (desk + chair)
> 　＝「家具全部」

　次に、「荷物」もアメリカ英語で baggage、イギリス英語で luggage といいますが、これも不可算名詞です。しかし、日本語の「荷物」ととらえていては、これも不可算名詞で

あることに納得がいかないでしょう。「カバンやスーツケースなど、1つ2つと数えられるのでは？」と考えるのが普通です。察しのいい方はおわかりのとおり、baggage は、bag や suitcase とは異なり、それらを全部ひとまとめで考えた「荷物全部」の意味なのです。

全部ひとまとめで考える不可算名詞

❸ baggage（bag ＋ suitcase）
　＝「荷物全部」

　次に、water「水」も不可算名詞です。しかし、私も最初に water が数えられない名詞と言われても、ピンときませんでした。「水が1本、2本と数えられるじゃないか？」と。しかし、当時の私がイメージしていた water とは、水の入ったペットボトルで英語では bottle です。このような場合は a bottle of water といって、確かにペットボトル自体は数えることができます。

物質名詞も数えない

　英語の water とはあくまで水という液体そのものを指しており、それならば当然1つ、2つと数えることはできません。ペットボトルやコップに入った水を表現するには、前述のような a bottle of water や a glass of water と表現します。

❹ I would like a glass of water.

訳 お水を1杯ください。

　水と同様に液体である milk「牛乳」も**物質名詞**なので、不可算名詞になります。さらに、bread「パン」や paper「紙」、chalk「チョーク」なども不可算名詞になります。「パンは1斤、2斤、紙も1枚、2枚、チョークも1本、2本と数えられるじゃないか？」と思うかもしれません。しかし、これは日本語の発想で、英語では、bread, paper, chalk などはその素材に着目した物質名詞なので、不可算名詞になります。

　「パン1切れ」は a piece of bread、「紙1枚」は a sheet of paper、「チョーク1本」は a piece of chalk と a＋ 名詞 ＋of を付けると数えることが可能になります。

物質名詞にあたる不可算名詞

● 液体系　water「水」／ milk「牛乳」

● 素材系　bread「パン」／ paper「紙」／ chalk「チョーク」

不可算名詞の最後のグループは、**抽象名詞**という目に見えない名詞のグループです。

抽象名詞も数えない

　p.36であげた information「情報」などは、まさに目に見えない抽象名詞なので、不可算名詞になります。他にも work「仕事」もぼんやりした概念的な「仕事」を指すので不可算名詞、そこから派生した homework「宿題」も目に見えない抽象名詞なので、不可算名詞になります。

❺ **I have to finish a lot of homework.**

訳 たくさんの宿題を終えなければならない。

a lot of homework

　一方、assignment「宿題」はアメリカ英語で、実際に課された1つひとつの課題を指すので可算名詞になります。**work, homework, information** に加えて、**news**「ニュース」, **advice**「助言」など、**情報系の単語も不可算名詞**です。**抽象名詞**を以下に整理します。

抽象名詞にあたる不可算名詞

● 仕事系　work「仕事」／ homework「宿題」

● 情報系　information「情報」／ news「ニュース」／ advice「助言」

Part **2**

名詞

> **不可算名詞の種類のまとめ**
> ● 全部ひとまとめで考えるグループ（money ／ furniture ／ baggage など）
> ● 物質名詞（water ／ milk ／ bread ／ paper ／ chalk など）
> ● 抽象名詞（work ／ homework ／ information ／ news ／ advice など）

プラス α　不可算名詞の謎に迫る !?

　ここまで進めてきた中で、1つ大きな問題があります。それは、不可算名詞を「数えない名詞」と否定的に定義しているだけで、肯定的にはどういう概念なのでしょうか。

　確かに、不可算名詞の種類として、**全部ひとまとめ**、**物質名詞**、**抽象名詞**と紹介しましたが、これらすべてに共通する不可算名詞の特徴は何でしょうか。不可算名詞とは、「**数えない名詞**」、すなわち「**量でとらえる名詞**」のことなのです。例えば、many や few は「**数の多い少ない**」を表すので、**可算名詞**に使います。一方、much や little は「**量の多い少ない**」を表すので、**不可算名詞**に使うのです。

　money も「お金全部でどれくらいの量か」、furniture も「家具全部でどれくらいの量か」、water も「水がどのくらいの量か」、bread も「パンが全部でどのくらいの量か」、そして information「情報」や homework「宿題」も「どれくらいの量があるか」という視点で考えると、不可算名詞の本質が見えてくるはずです。

不可算名詞 → "量" でとらえる 名詞
数でなく 量 でとらえる

money
数えるなら
a piece of ～

furniture
数えるなら
a piece of ～

water
数えるなら
a glass of ～
a bottle of ～

bread
数えるなら
a slice of ～
a piece of ～

Part 2 名詞

Lesson 13 複数形の用法

14

ここが POINT!

相互複数の表現・複数形にすると意味が異なる名詞・常に複数形で使う名詞

英語の表現の中には、あえて複数形で使うものがあります。例えば、「～と仲よくなる」と言いたいとき、make friend with とはせずに、friend を複数形にして、**make friends with** とします。

❶ **I made friends with his daughter.**

訳 私は彼の娘と仲よくなった。

英語では俯瞰して上からものを見る

ここで、なぜ複数形にするのかを少し立ち止まって、考えてみましょう。

自分中心の世界では、「～と仲よくなる」は相手が1人いるだけのように思えます。しかし、英語では、**自分から離れて俯瞰的に見る視点**がよく使われます。すると、「仲よくなる」という行為はまさに、**2人の人間が交わることで生まれる**とわかります。この2つを想定した表現の熟語を**相互複数**と呼んでいます。相互複数の表現を以下にまとめます。

相互複数の表現

● make friends with ～ 「～と仲よくなる」

● shake hands with ～ 「～と握手する」

● change trains 「電車を乗り換える」

shake hands with 「〜と握手する」も、俯瞰して見ると握手には2つの手が必要なことがわかります。change trains 「電車を乗り換える」も、乗ってきた電車とこれから乗る電車が2台あることがわかりますね。続いて、総称の複数という用法を見ていきます。

例えば、「私は猫が好きだ」と言いたいとき、誰しも I like までは出るのですが、次が a cat なのか、the cat なのかと、冠詞の使い方がわからなくなります。そんなときに使うのが、総称の複数というルールです。

その名詞全般を表したいときは「複数形」

「猫が好きだ」と猫全般を表したいときは、a も the も付けずに、複数形にすればいいのです。その名詞全般を表したいときに複数形を使うルールを、総称の複数と呼んでいます。これからは、I like cats. と自信をもって、複数形にしてください。

❷ I like cats.

訳 私は猫が好きだ。

「犬が好き」、「鳥が好き」、「リンゴが好き」でも、I like dogs (birds, apples). と総称の複数にすればいいのです。とても便利なルールなので、ぜひ使いこなせるようになりましょう。

複数形の用法のまとめ

● 相互複数
・make friends with 「〜と仲よくなる」
・shake hands with 「〜と握手する」
・change trains 「電車を乗り換える」

● 総称の複数
⇒その名詞全般を表したいときは、複数形にする

Part2　名詞のまとめ

Lesson11　可算名詞と不可算名詞

	可算名詞	不可算名詞
多い	many	much
少ない	few	little
a, an	○	×
複数形	○	×
a lot of	○	○
some	○	○

Lesson12　不可算名詞の種類

● 全部ひとまとめで考えるグループ（money／furniture／baggage など）
● 物質名詞（water／milk／bread／paper／chalk など）
● 抽象名詞（work／homework／information／news／advice など）

Lesson13　複数形の用法

● 相互複数
 ・ make friends with 「～と仲よくなる」
 ・ shake hands with 「～と握手する」
 ・ change trains 「電車を乗り換える」
● 総称の複数
 ⇒ その名詞全般を表したいときは、複数形にする

英文法コラム②
複数形にすると意味が異なる名詞

15

　Lesson12では、work「仕事」はぼんやりと概念的なものなので、不可算名詞になることを説明しました。しかし、厳密にはwork という名詞は、不可算名詞では「仕事」の意味で複数形にはしませんが、可算名詞では「作品」の意味になり、複数形で使用します。

> 例 I like her **works** very much.
>
> 訳 私は彼女の作品が大好きだ。

　このように、複数形になると意味が異なる名詞を紹介します。

複数形になると意味が異なる名詞

● work「仕事」　⇒ works「作品」

● paper「紙」　　⇒ papers「論文、新聞」

● custom「習慣」 ⇒ customs「税関」

---

　paper も「紙」の意味では、物質名詞なので不可算名詞で複数形にはしませんが、「論文」や「新聞」の意味では1つ、2つと数えることができるので、可算名詞として複数形で使います。また、custom は「習慣」の意味です。customs とすると、「税関」の意味になることがあります。

　glasses「眼鏡」のように、通常2つで1セットのような単語は、a pair of glasses「（1つの）眼鏡」と使います。常に複数形で使う名詞を以下にまとめます。

常に複数形で使う名詞

● a pair of glasses（scissors, shoes）「眼鏡（ハサミ、靴）」

---

　a pair of はあえて訳すと「1対の〜」になりますが、実際には日本語にはしないほうがうまく訳すことができます。

Lesson 14 冠詞の基本

> **ここが POINT!**
>
> 可算名詞に冠詞を付けない場合は、「その名詞本来の目的」を表す

　冠詞とは、名詞の前に置いて、その名詞の性質を表すものです。冠詞には、a や an の不定冠詞と、the の定冠詞があります。冠詞を付けると、名詞の具体的な形をイメージできるようになります。可算名詞には冠詞を付けるのが普通で、冠詞を付けない場合には、特別なメッセージを込められるようになります。

go to bed「寝る」にはなぜ冠詞が付かないか？

　go to bed「寝る」は、中学で学ぶ表現ですが、これはなぜ「ベッドに行く」ではなくて、「寝る」と訳すのでしょうか。bed に冠詞の a を付けると、具体的なベッドの形がイメージできます。サイドフレームがあって、脚があって、マットレスや枕があってといった具合です。しかし、「寝る」と言いたいときにベッドを具体的にイメージする人はいないでしょう。bed のような可算名詞には冠詞を付けるのが普通で、冠詞を付けない場合はその名詞の目的を意味するようになります。bed であればその目的は「寝る場所」だから、go to bed「寝る場所に行く」で「寝る」になります。

> ❶ I went to bed at ten last night.
> 訳 私は昨晩10時に寝た。

何も冠詞が付かない、いわゆる無冠詞で使われる可算名詞の表現を整理していきます。

> 可算名詞が無冠詞で、目的で使用される表現
> ● go to bed「寝る」／ go to school「通学する」／
> 　go to church「礼拝に行く」
> ● by bus「バスで」／ by train「電車で」／ on foot「徒歩で」
> ● at table「食事中」／ at sea「航海中」

go to school としても、「学校に行く」という行為を表すわけではありません。school の本来の目的は勉強や授業なので、「学校に勉強しに通っている」＝「通学する」になります。go to church としても、church の本来の目的は礼拝なので、「教会にお祈りに行く」＝「礼拝に行く」になります。

交通手段のbyの後ろにはなぜ冠詞が付かないか？

次に、交通手段の by は無冠詞というルールがありますが、これも「バスで来た」と言うときに乗ってきたバスの具体的な形をイメージする人はいません。だから、冠詞を付けずに by bus とします。他にも、「電車で」なら by train、「歩いて」だと on foot ですが、いずれもこうした文脈で具体的な電車の形や足の形をイメージしないはずです。

一方で、「彼女の車で来た」と言いたいときは彼女の車の具体的な形をイメージするので、in her car とします。in がきたら所有格を使うというルールではありません。

❷ I came here by bus.

訳 私はバスでここに来た。

続いて、at table なら table の本来の目的は食事なので「食事中」、at sea なら sea の本来の目的は航海なので「航海中」となります。

┌─────────────────────┐
冠詞の基本のまとめ
- 可算名詞は通常 a, an や the を付ける
- 可算名詞を無冠詞で使うと、目的を意味する（got to bed「寝る」など）
└─────────────────────┘

Lesson 15 不定冠詞（a, an）の用法

> **ここがPOINT!**
>
> a（an）+ 固有名詞 とその他の用法

　通常、人の名前や国などの固有名詞には、不定冠詞の a（an）は付けません。不定冠詞とは、あくまで後ろの名詞が特定されていないときに使うので、そのものが特定されている固有名詞には付けません。a Japan や a Mike という表現には、違和感を覚えるでしょう。

a（an）+ 固有名詞 は「たくさんある〜の中の1つ（1人）」

　a（an）の役割で、「1つ」を表す用法があります。固有名詞に付くと、「たくさんある中の1つ」の意味になります。例えば、Sony や TOYOTA のようなメーカーに a（an）を付けたらどういう意味になると思いますか？「たくさんあるソニー製品の1つ」、「たくさんあるトヨタ製品の1つ」となるので、トヨタ製品となると、おそらく「トヨタの車」と類推できるでしょう。

---

❶ **I gave him a TOYOTA for his birthday.**

訳 私は彼の誕生日にトヨタの車をあげた。

　続いて、人の名前に a（an）を付けるパターンです。例えば、He thinks he is an Einstein. とすると、「彼は自分を複数いるアインシュタインのような天才の1人だと考えている」となります。アインシュタインは、ものすごく頭の良い人の例えとして登場しています。あるいは、He thinks he is an Edison. とすると、「彼は自分をエジソンのような賢い人間の1人だと考えている」となります。

---

❷ **He thinks he is an Edison.**

訳 彼は自分をエジソンのような人だと
考えている。

　次に、例えば佐藤さんから電話があって、どの佐藤さんかわからないときに、<u>a Mr. Sato</u>とすると「たくさんいる佐藤さんという苗字の1人」となります。

> ❸ I had a call from **a Mr. Sato.**
>
> 訳 私は佐藤さんという人から電話をもらった。

　続いて、1を意味する不定冠詞（a, an）の用法です。

one「１つ」を意味するa, anの用法

　a(an)には、<u>one</u>と同じ「１つ」を意味する用法があります。<u>不特定の１つで単数を意味するので</u>、理解できるでしょう。例えば、「ローマは１日にして成らず」の「１日」は、そのまま a day とすればよいのです。

> ❹ Rome was not built in **a day.**
>
> 訳 ローマは1日にしてならず。

　次に、per「〜につき」と同じ意味を持つ a の使い方です。a month で、per month「1か月につき」と同じ意味になります。

> ❺ He earns 100,000 yen **a month.**
>
> 訳 彼は1か月につき10万円稼ぐ。

不定冠詞（a, an）の用法のまとめ

● a(an)＋ 会社名 「〜製品の１つ」
● a(an)＋ 偉人 「数人いる〜のような才能を持つ１人」＝「〜のような人」
● a(an)＋ 苗字 「数人いる〜という苗字の１人」＝「〜さんという人」
● a(an)＝one「１つ」の意味
● a(an)＝per「〜につき」の意味

Part **3**

冠詞

定冠詞（the）の用法

18

> **ここが POINT!**
>
> the を付けると、その名詞に共通認識が生まれる!!

　the は定冠詞と呼ばれるもので、後ろの名詞を特定して、書き手と読み手、あるいは話し手と聞き手の間で、その名詞の共通認識が生まれる合図になります。

先行の名詞を指すthe

　the で真っ先に思い付く有名な用法が、先行の名詞を指す the の用法でしょう。例えば、「私は昨日映画を見た。その映画はとても面白かった」と言いたいとき、昨日映画を見たと言うことで、どの映画なのかについて、話し手と聞き手に共通認識が生まれます。そのようなときに the を使います。

❶ I saw a movie yesterday.
The movie was very interesting.

訳 私は昨日映画を観た。
　その映画はとても面白かった。

最上級に付けるthe

　次に、最上級に付ける the の用法です。例えば、「日本でいちばん高い山」とすると、当然話し手と聞き手に共通認識が生まれます。「日本でいちばん高い山」は、富士山と誰でも知っているでしょう。

❷ Mt. Fuji is the highest mountain in Japan.

訳 富士山は日本で最も高い山だ。

唯一のものに付けるthe

　続いて、唯一のものに付ける the の用法です。例えば、「月」、「太陽」、「地球」などは全

員に共通認識があってどれかわかるので、the moon, the sun, the earth とします。

❸ **Look at the moon. It's very beautiful.**

訳 月を見てごらん。とてもきれいだよ。

最後に、the ＋ 形容詞 の用法を見ていきます。

the ＋ 形容詞 は「〜な人々」

the ＋ 形容詞 は「〜な人々」の意味です。例えば the old なら「高齢者」、the young なら「若者」、the rich なら「お金持ち」、the poor なら「貧しい人」となります。

❹ **It is important to respect the old.**

訳 高齢者を敬（うやま）うことは重要だ。

the ＋ 形容詞 は、実は the ＋ 形容詞 ＋people の people が省略されるようになっただけです。❹は元々 the old people だったのが、the old となっただけの表現です。

> 定冠詞（the）の用法のまとめ
> ● the は共通認識 ⇒ 先行の名詞 ／ 最上級 ／ 唯一のものに the を付ける
> ● the ＋ 形容詞 ⇒「〜な人々」(the old「高齢者」／ the young「若者」など)

プラス
α 「〜人」も the ＋ 形容詞

実は、the ＋ 形容詞 はとても便利な表現で、日本人やイギリス人などと言いたいときも使うことができます。元々 the Japanese people が the Japanese、the British people が the British と表現されているのです。

The British are similar to the Japanese in some ways.

訳 イギリス人は日本人といくつかの点で似ている。

Part3　冠詞のまとめ

Lesson14　冠詞の基本

● 可算名詞は通常 a, an や the を付ける
● 可算名詞を無冠詞で使うと、目的を意味する（got to bed「寝る」など）

Lesson15　不定冠詞（a, an）の用法

● a（an）+ 会社名 「～製品の１つ」
　　a（an）+ 偉人 「数人いる～のような才能を持つ1人」=「～のような人」
　　a（an）+ 苗字 「数人いる～という苗字の１人」=「～さんという人」
● a（an）= one「1つ」の意味
● a（an）= per「～につき」の意味

Lesson16　定冠詞（the）の用法

● the は共通認識　⇒　先行の名詞、最上級、唯一のものに the を付ける
● the + 形容詞 ⇒「～な人々」(the old「高齢者」、the young「若者」
　　など)

英文法コラム③

19 🎧

V + 人 + 前置詞 + the + 体の部位 の謎に迫る!!

英語で、V + 人 + 前置詞 + the + 体の部位 という難しい熟語があります。この表現も、the の使い方がわかれば、ストンと頭に入ってきます。例えば、catch 人 by the arm「人の腕をつかむ」という表現があります。

例 **I caught her by the arm.**

訳 私は彼女の腕をつかんだ。

SVO の O に人を置くことで対象がわかるので、by の後ろには the を置き、部位を特定する表現になります。catch her by her arm とはしないことに注意しましょう。ちなみに、by には経由のby といって「〜経由で」という意味があるので、「腕を経由して、人をつかむ」＝「人の腕をつかむ」となります。次に、pat 人 on the shoulder「人の肩を叩く」に進みます。

例 **He patted her on the shoulder.**

訳 彼は彼女の肩をポンと叩いた。

これも、her を使うことで誰に触れているかがわかるので、her shoulder とはせずに、the shoulder とします。肩を叩く行為は、叩く人の手と叩かれる側の肩が「接触」するので、on を使います。最後の表現は look A in the eye「人の目を見る」です。

例 **The teacher looked me in the eyes.**

訳 教師が私の目を見た。

---

look が例外的に他動詞で使われる表現です。look の後ろに人を置くので、後ろは部位を特定する the です。「目の中をのぞきこむ」なので、前置詞の in を使います。

以上が、V + 人 + 前置詞 + the + 体の部位 のカラクリでした。

Lesson 17 人称代名詞と格

> **ここが POINT!**
> 代名詞は「人称」と「格」で使い分ける

　代名詞は、前に出てきた名詞の代わりをするものです。Mike や Kate などの人の名前の代わりをするものを人称代名詞といいます。この Lesson では、人称代名詞と格を扱います。

「人称」は「話す人」と「聞く人」と「それ以外」

　まず「人称」とは、ある発言の話す人、聞く人と、それ以外を区別するために使われる用語です。話す人は１人称、聞く人は２人称、それ以外を３人称といいます。そして、主語が３人称で単数、かつ現在時制ならば動詞に s（es）を付けます。通称３単現の s と呼ばれる重要ルールになります。例えば、「私の兄は東京で働いている」と言いたいとき、My brother works in Tokyo. と動詞の work に３単現の s を付けます。

❶ My brother works in Tokyo.
訳 私の兄は東京で働いている。

　主語の My brother は３人称で単数、時制は現在なので３単現の s を付けます。以下の表で、人称代名詞と単数・複数の関係をまとめていきます。

人称代名詞	単数	複数
1人称	I	we
2人称	you	you
3人称	1人称と2人称以外（he ／ she ／ it など）	they

　１人称の単数は I で、複数は we です。２人称は単数も複数も同じく you です。３人称は１人称と２人称以外で、例えば he ／ she ／ it などがあり、複数形は they になります。

格は「主格」、「所有格」、「目的格」

　格とは、文中で他の語句との関係を示す名詞の語形です。主語に置く形を「主格」、「～の」という後ろに名詞を置く形で使う「所有格」、目的語に置く形を「目的格」といいます。例えば、「私は」と主語で使うと主格なので I として、「あなたの財布」と「～の」という意味で使うときは所有格の your を使って、your wallet とします。

> ❷ I like **your** wallet better than **mine**.
>
> 訳 私は自分の財布よりあなたの財布が好きだ。
>
>
> your wallet　my wallet → mine

　「自分の財布」は my wallet ですが、❷のように wallet がすでに出てきているので、所有代名詞にして mine とします。所有代名詞とは、人称代名詞の一種で「～のもの」を意味して、所有格 ＋ 名詞 を意味します。人称代名詞の格と所有代名詞を表でまとめます。

人称代名詞の格		主格	所有格	目的格	所有代名詞
1人称		I	my	me	mine
		we	our	us	ours
2人称		you	your	you	yours
3人称		he	his	him	his
		she	her	her	hers
		it	its	it	
		they	their	them	theirs

　I-my-me-mine と左から右に何度も繰り返して覚えましょう。人称代名詞は、主語で使う時の**主格**、「～の」で使う時の**所有格**、目的語で使う時の**目的格**までをいいます。最後の所有代名詞は 所有格 ＋ 名詞 を意味して、mine と theirs 以外はすべて所有格に s を付けた形です。his は元々所有格も his なので、所有代名詞も同じ形になります。

21

Lesson 18 再帰代名詞

> **ここが POINT!**
>
> 再帰代名詞を使った熟語に注意する!!

　再帰代名詞とは、self を単語の後ろに付けたもので、人称代名詞の一種です。「〜自身」と、主語が再び帰ってくるという再帰的な用法になります。1人称、2人称は所有格に -self (-selves) を付けるので、myself／ourselves／yourself／yourselves とします。3人称は目的格に -self(-selves) を付けるので、himself／herself／itself／themselves とします。

再帰代名詞の作り方

● 単数形は -self ／複数形は -selves を付ける
● 1人称、2人称は所有格に -self（myself ／ ourselves ／ yourself ／ yourselves）
● 3人称は目的格に -self(himself ／ herself ／ itself ／ themselves)

以下が、再帰代名詞の一覧になります。

人称	単数形	複数形
1人称	myself	ourselves
2人称	yourself	yourselves
3人称	himself ／ herself ／ itself	themselves

続いて、**再帰代名詞の用法**を見ていきます。

目的語が主語と同じ場合

　まずは、<u>他動詞の目的語が主語と同じ場合</u>です。例えば、「どうぞお座りください」は、<u>Please seat yourself.</u> とよく表現されます。命令文や Please から始まる命令文は、主語が You で、主語が目的語に再び帰ってくるときは再帰代名詞の yourself としなければいけません。この表現が好まれるのは、ネイティブが sit down のような自動詞よりも<u>他動詞の目的語をとる文体を好む</u>ことが影響しています。

Part **4** 代名詞

❶ **Please seat yourself.**

🈟 どうぞお座りください。

　続いて、文末や名詞の直後に再帰代名詞を置くことで、<u>主語を強調するパターン</u>です。

主語を強調する場合

　例えば、I went to Sapporo myself. は、<u>代名詞の I を強調して最後に myself を置く</u>ことで、「私自身札幌へ行った」となります。

❷ **I went to Sapporo myself.**

🈟 私自身札幌へ行った。

　続いて、<u>再帰代名詞を使った熟語</u>を見ていきます。

help oneself toは"セルフサービス"の表現

　help oneself to は「〜を自由に取って食べる」という重要熟語で、セルフサービスの表現です。直訳すると、「自分自身が〜に到達することを助ける」＝「自分で取って食べる」になります。

❸ **Please help yourself to the cake.**

🈡 ケーキを自由に取って食べてください。

make oneself understoodは「言葉が通じるかどうか」の表現

　make oneself understood は直訳すると、「自分の言うことを理解してもらう」ですが、要は「言葉が通じたかどうか」という表現です。たいていは、「母語と異なる言語で話が通じなかった」と、否定文で使用されることが多くなります。

❹ **I could not make myself understood in French.**

🈡 私はフランス語で自分の言うことを理解してもらえなかった。

次の熟語に進みます。

make oneself heardは「言葉が聞こえたかどうか」の表現

　make oneself heard は直訳すると、「自分の言うことを聞いてもらう」ですが、要は「自分の言葉が聞こえたかどうか」という表現です。たいていは、「周囲がうるさくて話が通じなかった」という否定文で使用されることが多くなります。

❺ I could not **make myself heard** in the shop.

訳 私はそのお店で自分の言うことを聞いてもらえなかった。

　代名詞に関連する表現がいくつか登場しましたが、**人に関わる代名詞の総称を人称代名詞**といいます。人称代名詞のうち、所有格＋名詞 を所有代名詞といい、**所有格や目的格**に self を付けたものを**再帰代名詞**といいます。

人称代名詞	● 主格 ／ 所有格 ／ 目的格（I ／ my ／ me など） ● 所有代名詞＝所有格＋名詞（mine など） ● 再帰代名詞（-self ／ myself など）

【再帰代名詞のまとめ】

【再帰代名詞の作り方】

● 単数形は -self ／複数形は -selves を付ける

● 1人称、2人称は所有格に -self（myself ／ ourselves ／ yourself ／ yourselves）

● 3人称は目的格に -self（himself ／ herself ／ itself ／ themselves）

【再帰代名詞の用法】

● 他動詞の目的語が主語と同じ場合（Please seat yourself. など）

● 名詞、代名詞の強調（I went to Sapporo myself. など）

● help oneself to ～ 「～を自由に取って食べる」
　　⇒ セルフサービスの表現

● make oneself understood 「自分の言うことを理解してもらう」
　　⇒ 言葉が通じるかどうかの表現

● make oneself heard 「自分の言うことを聞いてもらう」
　　⇒ 周囲に言葉が聞こえたかどうかの表現

Part 4 代名詞

Lesson 19 one・it・thatの使い分け

22

> **ここが POINT!**
>
> one は同一種類のもの／ it は「それそのもの」

one は数詞で「１つ」という意味もありますが、代名詞の役割があり、特定されていない名詞の代わりをすることができます。

oneは同一種類のもの

例えば、「財布をなくしてしまった。新しい財布を買わなければいけない」といったときに、なくした財布そのものを買うことはできません。財布という同一種類のものを指すときに、代名詞の one を使います。

❶ I've lost my wallet. I have to buy a new one.

訳 私は財布をなくした。
新しい財布を買わなければならない。

続いて it に進みます。

itは「それそのもの」

it は前に出てきた名詞「それそのもの」を指します。例えば、「財布をなくしてしまった。それがどこにあるかわかる？」と言いたいときに、なくした財布そのものを探しているとわかるので、it を使います。

❷ I've lost my wallet. Do you know where it is?

訳 私は財布をなくした。
どこにあるかわかる？

one も it も前の名詞の代わりができる代名詞の働きがあります。前の名詞と同じ種類のものは one で、前の名詞そのものを指す場合は it を使います。次の用法に進みます。

　前に出てきた名詞が、可算名詞か不可算名詞かで使う代名詞が変わってきます。**one** は「１つ」の意味からわかるとおり数えられるので、**可算名詞の代名詞**に使います。それとは反対に、**it は money などの不可算名詞の代名詞**として使うことができます。例えば、「お金を貸すよ、もしそれが必要なら」と言いたいとき、「お金」は不可算名詞なので、２度目に出てくるときは、one ではなく it を使います。

❸ I will lend you some money if you need it.

訳　もしお金が必要なら、私が貸します。

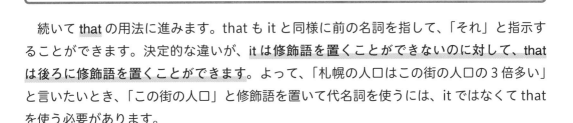

　続いて **that** の用法に進みます。that も it と同様に前の名詞を指して、「それ」と指示することができます。決定的な違いが、**it は修飾語を置くことができない**のに対して、**that は後ろに修飾語を置くことができます**。よって、「札幌の人口はこの街の人口の３倍多い」と言いたいとき、「この街の人口」と修飾語を置いて代名詞を使うには、it ではなくて that を使う必要があります。

❹ The population of Sapporo is three times as large as that of this city.

Sapporo

this city

訳　札幌の人口はこの街の３倍多い。

　ちなみに、前にでてきた名詞が複数で、後ろに修飾語を置きたい場合は those とします。

one・it・that の使い分けのまとめ
- one は前に出てきた名詞と同一種類のもの
  ⇔ it は前に出てきた名詞そのもの
- 不可算名詞の場合は it を使用する
  ⇔ 可算名詞は one を使用する（one「１つ」から）
- it は前後に修飾語を置くことができない
  ⇔ that（those）は後ろに修飾語句を置くことができる

Lesson 20 **2つ・3つ以上を表す代名詞** 23

> ここが **POINT!**
>
> both と either は「2つ」／ all と any が「3つ以上」

both「両方」も2つある何かを指しており、all「全部」も何かの全体を指しているので、代名詞になります。

bothは「2つ」を対象 ／ allは「3つ以上」を対象

both も all も、その対象のすべてを表すという共通点がありますが、both は「両方」の訳からわかるように、「2つ」を対象にしています。例えば、「その人たちは両方とも」と言いたいとき、both of the men と表現します。

> ❶ **Both** of the men are my coworkers.
> 訳 その人たちは2人とも私の同僚だ。

続いて、all も both と同様に全部を指しますが、3つ以上に使います。例えば、「その3人の女性全員」とするとき、all of the three women とします。

> ❷ **All** of the three women were absent from the meeting.
> 訳 その3人の女性たち全員が、会議を欠席した。

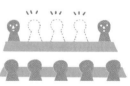

次に、either と any の区別に進みます。

eitherは「2つ」を対象 ／ anyは「3つ以上」を対象

either of 名詞「名詞 のどちらでも」は、2つを対象とします。

> ❸ You can invite **either** of them to the party.
> 訳 彼らのどちらでもパーティに招待していいよ。

　続いて、any of 名詞 「名詞 のどれでも」は、３つ以上を対象に使います。例えば、「ここにたくさんの本があるから、どれを持っていってもいいよ」と言いたいとき、You can take any of these. とします。

---

❹ There are many books. You can take any of these.

（訳） たくさんの本がある。
　　　 どれを持っていってもいいよ。

---

neitherは「２つ」を対象 ／ noneは「３つ以上」を対象

　次に、either に否定の意味の n を付けた neither は、２つを対象に「どちらも～ない」となります。

---

❺ I have two cars; neither of them is expensive.

（訳） ２台車を持っていますが、どちらも高いものではありません。

---

none は３つ以上を対象にして「どれも～ない」です。

---

❻ None of them agreed to my idea.

（訳） 彼らの誰も私の考えに賛成しなかった。

2つ・3つ以上を表す代名詞のまとめ

2つ	3つ以上
both「両方」	all「すべて」
either「どちらでも」	any「どれでも」
neither「どちらも～ない」	none「どれも～ない」

Lesson 21 注意すべき代名詞

24

> **ここが POINT!**
>
> A of 〜「〜の A」の A には代名詞、複数名詞、特定された名詞を使う !!

代名詞を使った A of 〜「〜の A」という表現には、いくつかの注意点があります。

A of 〜のAには代名詞が入る

A of 〜「〜の A」の A には、代名詞を置くことができます。例えば、each「それぞれ」、every「すべて」は似た表現ですが、each は代名詞の性質があるので each of 〜「〜のそれぞれ」は可能ですが、every は形容詞の性質しかないので、every of とすることはできません。

> ❶ **Each of** the boys is interested in soccer.
>
> 訳 その少年たちのそれぞれが
> サッカーに興味を持っている。

each は「それぞれ」という言葉どおり、1つひとつに焦点を当てる単数扱いなので、動詞は is を使います。続いて、most「ほとんど」、almost「ほぼ」は似た意味ですが、これも most は代名詞の性質があるので most of 〜は可能ですが、almost は副詞の性質しかないので almost of とはしません。

> ❷ **Most of** the girls in those days played volleyball.
>
> 訳 その当時の女の子のほとんどが
> バレーボールをしていた。

続いて、A of 〜「〜の A」でよく使う代名詞を整理します。

> **A of 〜「〜の A」でよく使う代名詞**
> ● each of 〜「〜のそれぞれ」／ either of 〜「〜のどちらか」
> ● most of 〜「〜のほとんど」／ some of 〜「〜の一部」
> ● all of 〜「〜のすべて」*every of 〜／ almost of 〜は不可

次の注意点に進みます。

A of 〜の〜には複数名詞、特定された名詞を使う

　A of 〜の〜には制約があり、〜には可算名詞の場合は複数名詞がきます。先にあげたまとめの、「それぞれ」、「どちらか」、「一部」、「ほとんど」、「すべて」からも、〜は複数いないと表現が成り立たないことがわかります。

❸ I didn't understand some of the lecturers.

訳 講義のいくつかは理解できなかった。

　最後に、A of 〜の〜には、特定された名詞がこなければなりません。most of people のような表現は、どの人々を指すのかわからないので、使いません。most of the people と名詞に the を付けます。または、most of us のように誰なのかわかる代名詞を置くか、most of my family と所有格でどの名詞かわかるようにします。

❹ Most of us work too much.

訳 私たちのほとんどが働きすぎだ。

私たち

　A of 〜の注意点をまとめます。

注意すべき代名詞のまとめ

● A of 〜の A には代名詞が入る
　⇒ each of は○、every of は× ／ most of は○、almost of は×
● A of 〜の〜には、可算名詞なら複数形（some of the lecturers など）、特定された名詞（the を付ける、誰かわかる代名詞、所有格でどの名詞かわかる）を置く

Lesson 22 the otherとanother

> **ここが POINT!**
>
> the が付くか否か ／ an が付くか ／単数か複数か

the other, the others, others, another の使い分けを学びます。この4つを区別するポイントは、the が付くか否か、an が付くか、単数か複数かです。

the otherは残りの1つ

the other は、the が付いているために、特定されるものでなければなりません。いちばんよくあるパターンが、「2人の人がいて、1人は〜で、残りの1人は…」というときの「残りの1人」に the other を使います。

---

❶ I have two sons. One lives in Akita, and the other lives in Tokyo.

🈠 私には2人息子がいて、1人は秋田に、もう1人は東京に住んでいる。

他にも、例えば「4人の人がいて、3人が〜で、最後の1人が…」の「残りの1人」にも、the other を使うことはできます。the other のイメージをまとめます。

the other のイメージ（残りの1つ）

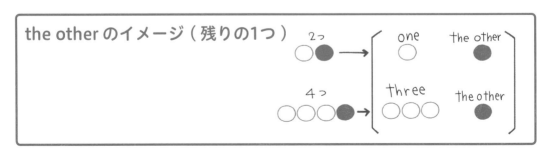

続いて、the others に進みます。

the others は残りの全部

the others は、the が付いているので特定されると同時に、others と複数形なので、「残りの全部」の場合に使います。例えば「4人のメンバーのうち、2人が賛成して、残りの全員が反対した」と言いたいときの「残りの全員」が the others になります。

Part
4
代名詞

> ❷ Two of the family members agreed, but the others disagreed.
>
> 訳 家族のうち、2人は賛成したが、残りの全員が反対した。

the others のイメージをまとめます。

> **the others のイメージ（残り複数ある内の全部）**
>
> two ┊ the others
> ○○ ┊ ●●●●

続いて、others です。others はある特定の表現でよく使われます。

Some ～, and others .... 「～する人（もの）もいれば、…する人（もの）もいる」

others は、Some ～, and others .... 「～する人（もの）もいれば、…する人（もの）もいる」で使われます。the が付いていないので特定されずに、「多くの人の中から、ある人は～で、また別の人は…」の「別の人は」に、others を使います。

> ❸ Some like coffee, and others like tea.
>
> 訳 コーヒーが好きな人もいれば、紅茶が好きな人もいる。

コーヒー好きな人を除くと、その他に紅茶好きな人や緑茶好きな人などがいます。残りが複数あるので特定できず、かつ複数の人なので others とします。

Some ～ , and others ... .「～する人（もの）もあれば、…する人（もの）もいる」を図で説明します。

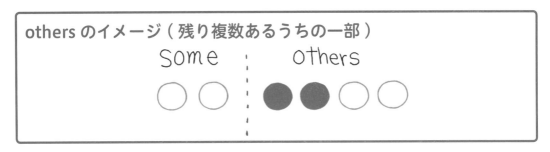

続いて、another の用法に進みます。

anotherは残り複数ある中の１つ

another は元々 an ＋ other なので、the other との区別は other を an で不特定にするか、the で特定するかの違いになります。例えば、お店に行って、「このネクタイは好きじゃないなあ。もう１つ見せてくれる？」と言いたいときの「もう１つ」が another です。

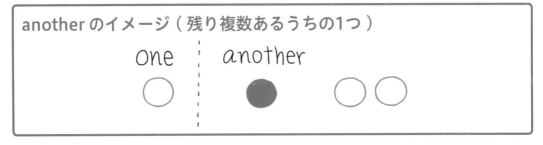

another は残り複数ある中の１つに使います。図で説明します。

```
another のイメージ（残り複数あるうちの1つ）

        one  │  another

        ◯    │    ●       ◯  ◯
```

残りが1つしかないなら特定できるので the other、残りが複数あるうちの1つなら特定できないので another になります。another の用法を見ていきます。

A is one thing, and B is another.「AとBとは別のものだ」

　いくつもある中から、「A は〜で、B は〜」と言いたいときの B を another で表します。残りが複数あるうちの不特定の 1 つなので、another を使います。例えば、「知っていることと教えることは別のことだ」と言いたいとき、教えることは残り複数ある中の 1 つなので、another を使います。

> ❺ To know is **one thing**, and to teach is **another**.
>
> 訳 知っていることと教えることは別のことだ。
>
> another
>
> to know to teach to …… to ……

the other, the others, others, another の使い分けをまとめます。

> **the other と another のまとめ**
> ● the other 　⇒ 残りの 1 つ（the は特定）
> ● the others ⇒ 残りの全部（the は特定＋複数形）
> ● others 　　⇒ 残りが複数あるうちの一部
> 　Some 〜 , others … .「〜する人（もの）もいれば、…する人（もの）もいる」
> ● another = an + other ⇒ 残りが複数あるうちの 1 つ
> 　A is one thing, and B is another.「A と B とは別のものだ」

 プラス α　**another の後ろに複数名詞 !?**

　another は an + other なので、another thing「もうひとつのこと」のように、通常は後ろに**単数名詞**がきます。しかし、例外的に次のような表現も可能になります。

I need **another** five minutes.

訳 私はもう 5 分必要だ。

　another の後ろの five minutes で 1 つの単位とみなしているので、こういった表現が可能になります。

Part4　代名詞のまとめ

Lesson17　人称代名詞と格

人称代名詞の格	主格	所有格	目的格	所有代名詞
1人称	I	my	me	mine
	we	our	us	ours
2人称	you	your	you	yours
3人称	he	his	him	his
	she	her	her	hers
	it	its	it	
	they	their	them	theirs

Lesson18　再帰代名詞

● 他動詞の目的語が主語と同じ場合（Please seat yourself. など）
● 名詞、代名詞の強調（I went to Sapporo myself. など）
● help oneself to ～　　　「～を自由に取って食べる」
● make oneself understood「自分の言うことを理解してもらう」
● make oneself heard　　　「自分の言うことを聞いてもらう」

Lesson19　one・it・that の使い分け

● one は前に出てきた名詞と同一種類のもの
　⇔ it は前に出てきた名詞そのもの
● 不可算名詞の場合は it を使用する
　⇔ 可算名詞は one を使用する（one「1つ」から）
● it は前後に修飾語を置くことができない
　⇔ that（those）は後ろに修飾語句を置くことができる

Lesson20　2つ・3つ以上を表す代名詞

2つ	3つ以上
both「両方」	all「すべて」
either「どちらでも」	any「どれでも」
neither「どちらも～ない」	none「どれも～ない」

Lesson21　注意すべき代名詞

● A of ～の A には代名詞が入る
　⇒ each of は○、every of は× ／ most of は○、almost of は×
● A of ～の～には、可算名詞なら複数形（some of the lecturers など）、
　特定された名詞（the を付ける、誰かわかる代名詞、所有格でどの名詞か
　わかる）を置く

Lesson22　the other と another

● the other　⇒ 残りの1つ（the は特定）
● the others ⇒ 残りの全部（the は特定＋複数形）
● others　　 ⇒ 残りが複数あるうちの一部
● Some ～, others … .「～する人（もの）もいれば、…する人（もの）もいる」
● another ＝ an ＋ other ⇒ 残りが複数あるうちの１つ
　A is one thing, and B is another.「A と B とは別のものだ」

英文法コラム④
３単現の s の謎に迫る!!

　p.54で、**３単現の s** というルールを紹介しました。**主語が３人称で単数、かつ現在時制の場合は、動詞に s（es）を付ける**というルールでした。中学の英語で最初に学ぶ代表的なルールの１つでしょう。

> 例 **My brother works in Tokyo.**
>
> 訳 私の兄は東京で働いている。

　一方で、このルールがなぜ存在するのかが気になる方もいるでしょう。これは元々、古い英語では主語が１人称（I）、２人称（you）、３人称（he など）、１人称複数（we）と、**人称ごとにすべて動詞の語尾が異なっていた**のです。下の表をご覧ください。

時代ごとの主語と動詞の形

主語	14世紀	16世紀	現代
I	singe	sing	sing
you	singest	singest	sing
he	singeth	sings	sings

　上の表からわかるとおり、14世紀には、sing「歌う」という動詞は、I のときは singe、you のときは singest、he のときは singeth とすべての主語に対応して、動詞の語尾が変わっていました。

　16世紀になると、I のときは現代と同じ sing、you のときは singest、he のときに待望の sings が現れます。これが現代の３単現の s の起こりともいうべき表現です。

　そして、現代において、16世紀の you では singest だったものが sing となり、3人称単数の he だけが相変わらず sings のままになっています。

　要は、元々主語に応じて動詞の語尾が異なるというルールが、3人称単数の場合にだけ残ったのが、3単現の s の正体です。

　謎が解き明かされると、そのルールに命が吹き込まれたように、生き生きとしてくるはずです。

I sing
He sings

3単現の
S とは…?

Lesson 23　制約のある形容詞

27

> **ここがPOINT!**
>
> 名詞の前に置かない形容詞と、人を主語にとらない形容詞に注意!!

　形容詞の役割には、第2文型（SVC）や第5文型（SVOC）の補語になったり、名詞を修飾したりする働きがあります。ここでは名詞を修飾する用法を見ていきます。

aから始まる一部の形容詞は名詞の前に置かない

　例えば、asleep「眠っている」のような形容詞は、名詞の前に置くことができません。an asleep son「眠っている息子」とはせずに、My son is asleep.「私の息子は眠っている」のように、名詞の後ろに置いて説明することしかできないのです。「眠っている」と前に形容詞を置いて説明するには、asleep ではなくて sleeping を使います。

---

❶ I tried not to wake up my sleeping son.

訳 私は眠っている息子を起こさないようにした。

　以下に、名詞の前に置くことのできない形容詞を整理します。

> **名詞の前に置くことのできない形容詞**
>
> alive「生きている」／ asleep「眠っている」／ awake「目覚めている」／
> aware「気付いている」／ alike「似ている」

　aから始まる一部の形容詞は、名詞の前に置かず、後ろから説明することしかできません。これらの形容詞が、元々 on ＋ 名詞 と前置詞のカタマリであったことがこの制約の理由です。これがわかると、an asleep son がおかしいとわかります。これを認めると、an on sleep son と前置詞のカタマリが後ろの名詞を説明する現象を認めることになってしまいます。一方で、The man is on duty.「その人は勤務中だ」や a man on duty「勤務中の人」のように、be 動詞の後ろに前置詞のカタマリを置いて説明したり、名詞の後ろに前置詞のカタマリを置いて説明したりすることは文法上問題ありません。次に人を主語にとらない形容詞に進みます。

possible ／ convenient ／ necessaryは人を主語にとらない

　possible を使って「彼が〜できる」とすると、つい He is possible としがちですが、これは誤りです。possible という形容詞は、形式主語の it を使って、It is possible for him to do 〜 . の形で使います。

> ② It is possible for him to realize his dream.
>
> 訳 彼が自分の夢を実現することは可能だ。

「〜できる」は、他には人 be able to do 〜 .、人 be capable of doing 〜 . で表します。人を主語にとらない形容詞をまとめます。

> 人を主語にとらない形容詞
> possible「可能な」／ convenient「都合のよい」／ necessary「必要な」

　「彼は都合がよい」と言うと、He is convenient. としてしまいがちですが、これも誤りです。convenient も人を主語にとらず、このような場合は He is available. とします。necessary「必要な」も人を主語にとりません。両方とも形式主語の it と使うことができます。

> ③ It is convenient to take a rest now.
>
> 訳 今、ひと休みするのは都合がよい。
>
> ④ It is necessary for you to prepare for the test.
>
> 訳 あなたは、そのテストに備えておく必要がある。

> 制約のある形容詞のまとめ
> ● aから始まる形容詞は、名詞の前に置かない（alive／asleep／awake など）
> ● 人を主語にとらない形容詞に注意（possible／convenient／necessary など）

28

Lesson 24　区別が必要な形容詞

> **ここが POINT!**
>
> imagine, sense, respect から派生した形容詞をおさえる !!

　imagine, sense, respect から派生した形容詞は形が似ていて区別が難しいので、1 つずつおさえていきましょう。

imaginary, imaginable, imaginativeを区別する

　imagine「想像する」から派生した imaginary, imaginable, imaginative を区別していきましょう。まずは、imagine から素直に派生した形容詞が imaginary「想像上の」です。例えば、「想像上の（架空の）友達」と言いたいとき、imaginary friends とします。

---

❶ Young children tend to have imaginary friends.

訳 幼い子供には、想像上の友達がいる場合が多い。

他にも、imagine に able「可能」がついて imaginable「想像できる」があります。

---

❷ I tried every imaginable method.

訳 私は想像できるあらゆる方法を試した。

続いて、imagine に ive「豊富な」が付いて imaginative「想像力に富んだ」があります。

---

❸ He has great imaginative powers.

訳 彼はずばらしい想像力を持っている。

---

imagine から派生した形容詞をまとめます。

> **imagine から派生した形容詞**
> imaginary「想像上の」／ imaginable「想像できる」
> imaginative「想像力に富んだ」

続いて、sense から派生した形容詞です。

sensible「分別のある」とsensitive「敏感な」を区別する

sense「感覚・感じる」から派生した形容詞です。imaginable「想像できる」の able と同様に、sense「感じる」に ible「可能」が付いて、sensible「物事の善悪を感じとれる」＝「分別のある」となります。

> ❹ My brother is a sensible man.
> 🈩 私の兄は分別のある人だ。

他にも、imaginative「想像力に富んだ」と同様に、sense「感覚」＋ ive「豊富な」＝「敏感な」があります。人の性格が「神経質な」と表したいときにも使うことができます。

> ❺ Don't be so sensitive.
> 🈩 そんなに神経質になるなよ。

sense から派生した形容詞をまとめます。

> **sense から派生した形容詞**
> sensible「分別のある」／ sensitive「敏感な」

最後が、respect から派生した形容詞です。

respectfulは能動⇔respectableは受動

続いて、respect「尊敬する」から派生した形容詞に respectful「尊敬する」、respectable「立派な」があります。日本語を見ただけでは違いがわかりませんが、語尾に ful が付くと能動で、able が付くと可能に加えて受動の意味になることがあります。すると、「私は高齢者に敬意を払う」とすると、「尊敬する」と能動の文脈なので、respectful を使うとわかります。

❻ I am respectful toward the elderly.
訳 私は高齢者に敬意を払っている。

一方、例えば「彼は立派な人だ」とは、「彼は尊敬される人だ」と受動の文脈なので、受動の able を使った respectable を使います。

❼ He is a respectable man.
訳 彼は立派な人だ。

respect から派生した形容詞をまとめます。

> **respect から派生した形容詞**
> respectful「尊敬する」（能動）⇔ respectable「立派な」（受動）
> respective「それぞれの」

respect から派生した形容詞は respectful, respectable, respective と 3 つ覚える必要がありますが、respective だけが仲間はずれです。respect「尊敬」の意味から派生した形容詞が respectful と respectable なのに対して、respective は respect の「点」の意味から派生して「それぞれの」という意味になります。

❽ I sent these boys to their respective homes.

訳 私は少年たちを、それぞれの家に送り届けた。

区別が必要な形容詞のまとめ

● imaginary「想像上の」
　imaginable「想像できる」　　　= imagine + able「可能」
　imaginative「想像力に富んだ」　= imagine + ive「～が豊富な」
● sensible「分別のある」　　　　 = sense「感じる」+ ible「可能」
　sensitive「敏感な」　　　　　　= sense「感覚」+ ive「豊富な」
● respectful（能動）=「尊敬する」⇔ respectable（受動）=「立派な」
　respective「それぞれの」（respect「点」の意味から派生）

Part 5

形容詞・副詞

29

Lesson 25 数量を表す形容詞

> **ここが POINT!**
>
> few も little も単独で使うと否定語 !!

　p.36で紹介したように、英語で数の「多い」、「少ない」は many と few で表します。一方で、量の「多い」、「少ない」は much と little で表します。

fewは単独で使うと「ほとんど〜ない」の意味

　few だけだと否定語で、「ほとんど〜ない」という意味になります。すると、very few は否定語の few を強めた表現なので、「ごくわずかしかない」という意味になります。

---

❶ **There are very few visitors.**

訳 訪問客はごくわずかしかいない。

続いて、few に a が付くことではじめて肯定表現となり、a few「少しある」となります。

---

❷ **There are a few apples in my home.**

訳 家に少しリンゴがある。

そして、a few「少しある」という肯定表現を強調した quite a few は「かなり多くの」という表現になります。

---

❸ **There are quite a few toys in his room.**

訳 彼の部屋にはかなり多くのおもちゃがある。

最後に、肯定表現の a few に否定語の一種である only「〜しかない」が付くと、only a few「ほんの少ししかない」になります。

> ❹ There were only a few people in that park.
> 訳 その公園には、ほんの少ししか人が
> いなかった。

few に関わる表現をまとめます。

> **few「ほとんど〜ない」に関連する表現**
> very few「ごくわずかしかない」／ a few「少しある」
> quite a few「かなり多くの」／ only a few「ほんの少ししかない」

　続いて、little「ほとんど〜ない」という否定表現が very で強調されると、very little「ごくわずかしかない」になります。a が付くと肯定表現になるので、a little「少しある」で、quite で強調されると quite a little「かなり多くの」になります。最後に、否定語の only で a little を修飾すると、only a little「ほんの少ししかない」になります。以下に little に関連する表現をまとめます。

> **little「ほとんど〜ない」に関連する表現（不可算名詞）**
> very little「ごくわずかしかない」／ a little「少しある」
> quite a little「かなり多くの」／ only a little「ほんの少ししかない」

> **数量を表す形容詞のまとめ**
>
> | | few「ほとんど〜ない」 | little「ほとんど〜ない」 |
> |---|---|---|
> | ごくわずかしかない | very few | very little |
> | 少しある | a few | a little |
> | かなり多くの | quite a few | quite a little |
> | ほんの少ししかない | only a few | only a little |

Part
5

形容詞・副詞

Lesson 26 副詞の基本

> **ここが POINT!**
>
> 副詞は名詞以外を修飾する !!

　副詞の役割は？と聞かれると、意外に答えられないかもしれません。副詞には**名詞以外を修飾する働き**があります。

副詞は動詞、形容詞、副詞、文を修飾する

　具体的には、名詞以外の動詞、形容詞、副詞、そして文を修飾します。例えば、clearly「はっきりと」という副詞で、「英語を話す」と動詞を修飾すると speak English clearly になります。

❶ **You should speak English clearly.**
訳 あなたは英語をはっきりと話すべきだ。

　続いて、clearly を使って、「はっきりと見える」と形容詞を修飾したい場合は、clearly visible とします。

❷ **The sky is clearly visible today.**
訳 今日の空ははっきりと見える。

　次に、副詞の very を使って、「とても熱心に」と副詞を修飾したい場合は、very hard とします。

❸ **I work very hard.**
訳 私はとても熱心に仕事をしている。

　最後に、再び clearly を使って、「明らかに彼は嘘をついている」と文を修飾したい場合は、Clearly, he is telling a lie. とします。

> ❹ Clearly, he is telling a lie.
>
> 訳 明らかに彼は嘘をついている。

　続いて、副詞をどこに置くかを見ていきます。

頻度を表す副詞はnotと同じ位置に置く

　❶～❹で見たように、副詞は文末、文頭、形容詞や副詞、動詞の前に置くことができます。では、問題です。例えば「朝食後にいつも散歩をする」と言いたいとき、副詞の always「いつも」を take の前と後ろ、あるいは文末のどこに置くべきでしょうか？　答えは「take の前」です。

> ❺ I always take a walk after breakfast.
>
> 訳 私はいつも朝食後に散歩をする。

alwaysの位置はココ

I always take a walk

　always は頻度を表す副詞といわれます。頻度を表す副詞は、一般動詞の前、助動詞の後ろに置くというルールがありますが、もっとシンプルに考えます。頻度を表す副詞には、often「よく」、usually「たいていは」などがありますが、実は not「～しない」も頻度を表す副詞です。すると、頻度を表す副詞は not と同じ位置に置けばよいとわかるので、❺の例文を否定文にすると、I do not take a walk after breakfast. となるので、take の前にalways を入れればよいとわかります。頻度を表す副詞をまとめます。

> 頻度を表す副詞（頻度がゼロから100%の順）
> not／never「～しない」⇒ rarely（seldom）「めったに～しない」⇒
> ⇒ sometimes「ときどき」⇒ often「よく」⇒ frequently「頻繁に」⇒
> ⇒ usually「たいていは」⇒ always「いつも」

Lesson 27　注意すべき副詞①

> ### ここが POINT!
> 「帰宅する」は go to home ではなく go home

　「家に帰る」と言いたいときに、go to home なのか、go home なのかがわからなくなるときがあります。

「家に帰る」はgo home

　home は元々「家」の意味で名詞でも使われますが、「帰宅する」や「家にいる」の文脈では副詞で使用して、come home, go home, be home と使用します。これらの表現のhome は名詞ではなく副詞なので、前置詞を使った go to home という表現は誤りです。

❶ I have to go home now.

訳 もう家に帰らないと。

　このように、一見名詞のようで実は副詞という単語は、前置詞の後ろでは通常使われないので要注意になります。以下にまとめます。

> #### 名詞と間違いやすい副詞
> ● home「家に」／ upstairs「上の階に」／ downstairs「下の階に」
> ● abroad ／ overseas「海外に」
> ● downtown「繁華街に」

　例えば、「海外旅行をする」と言いたいときに、travel to abroad のような表現は誤りです。abroad は副詞なので、前置詞 to は不要で、travel abroad としなければいけません。続いて、-ly が付くと意味が異なる副詞に進みます。

hardlyは否定語で「ほとんど〜ない」

　hard「熱心に」が有名なために、hardly の意味を覚えるのが難しくなってしまいます。しかし、hardly はとても重要で、これがわからないと文の意味を正反対にとらえてしまいます。hardly は否定語で、「ほとんど〜ない」になります。例えば、「私は昨日ほとんど勉強できなかった」とすると、I could hardly study yesterday. となります。

> ❷ I could hardly study yesterday.
>
> 訳 私は昨日ほとんど勉強できなかった。

　hard は「熱心に」ですが、hardly になると「ほとんど〜ない」と否定の意味です。両者は一見何のつながりもなさそうですが、hard の「難しい」から派生して、「難しい」⇒「〜するのが難しい」⇒「ほとんど〜できない」⇒「ほとんど〜ない」となりました。ly がつくと意味が異なる副詞をまとめます。

ly がつくと意味が異なる副詞

hard「熱心に」	hardly「ほとんど〜ない」
late 「遅い」	lately 「最近」
near「近い」	nearly「ほとんど」

注意すべき副詞①のまとめ
- 名詞と間違いやすい副詞（home ／ abroad ／ downtown など）
- ly が付くと意味が異なる副詞（hardly ／ lately ／ nearly など）

Part
5
形容詞・副詞

Lesson 28 注意すべき副詞②

> **ここが POINT!**
>
> 語順や置く場所に注意する副詞

　副詞の中には、副詞の後ろの語順に注意するものや、置く場所に注意するものがあります。

so, as, tooの語順に注意

　so, as, too は副詞なので、直接名詞を修飾することができません。例えば、so を使って a kind person「親切な人」を修飾するとき、so a kind person とすることはできません。kind は形容詞で、副詞によって修飾できるので so kind a person とします。

---

❶ She is so kind a person.

　訳 彼女はとても親切な人だ。

　次に、比較の as ～ as ...「…と同じくらい～」でも、同じルールが適用されます。先頭の as が副詞なので、直後の～に名詞を置くことはできず、やはり 副詞 ・ 形容詞 ・ 冠詞 ・ 名詞 の語順になります。例えば、「私は彼ほどものを書くのが上手ではない」とすると、I am not as good a writer as he is. とします。

---

❷ I am not as good a writer as he is.

　訳 私は彼ほどものを書くのが上手ではない。

　最後に too にも同じルールが当てはまります。too で a hot day を修飾すると、形容詞の hot が前に出て too hot a day となります。

---

❸ It's too hot a day to do anything.

　訳 今日は暑すぎて何もできない。

次に、読解などで話の流れを変えることができる接続副詞を紹介します。

接続副詞は文頭、文中、文末に置くことができる

接続副詞は、文頭、文中、文末に置くことができます。接続詞との違いは、文中に置くことができる点でしょう。例えば、「しかし、重要なのは嘘をつかないことだ」とすると、文中でカンマを使って、What is important, however, is not to tell a lie. とします。

❹ What is important, however, is not to tell a lie.

訳 しかし、重要なのは嘘をつかないことだ。

接続副詞には他にも、though があり、文中や文末で使うことができます。例えば、「私は知らない。けれども、私の友人が知っているかもしれない」は、I am not sure. My friend might know, though. と表します。

❺ I am not sure. My friend might know, though.

訳 私は知らない。けれども、私の友人が知っているかもしれない。

代表的な接続副詞を紹介します。

接続副詞の代表例
however「しかしながら」／ though「けれども」
nevertheless「それにもかかわらず」／ therefore「それゆえ」

注意すべき副詞②のまとめ
● so, 比較の as 〜 as の先頭の as, too は、副詞・形容詞・冠詞・名詞の語順にする
● 接続副詞（however ／ though ／ therefore など）は文中・文末に置くことができるものがある

Part
5

形容詞・副詞

Part5　形容詞・副詞のまとめ

Lesson23　制約のある形容詞

● a から始まる形容詞は、名詞の前に置かない（alive／asleep／awake など）
● 人を主語にとらない形容詞に注意（possible／convenient／necessary など）

Lesson24　区別が必要な形容詞

● imaginary「想像上の」／imaginable「想像できる」／imaginative「想像力に富んだ」
● sensible「分別のある」／ sensitive「敏感な」
● respectful「尊敬する」／respectable「立派な」／respective「それぞれの」

Lesson25　数量を表す形容詞

	few「ほとんど〜ない」	little「ほとんど〜ない」
ごくわずかしかない	very few	very little
少しある	a few	a little
かなり多くの	quite a few	quite a little
ほんの少ししかない	only a few	only a little

Lesson26　副詞の基本

● 副詞は名詞以外（動詞・形容詞・副詞・文）を修飾する
● 頻度を表す副詞は、not と同じ位置に置く

Lesson27・28　注意すべき副詞①・②

● 名詞と間違いやすい副詞（home ／ abroad ／ downtown など）
● ly が付くと意味が異なる副詞（hardly ／ lately ／ nearly など）
● so, 比較の as 〜 as の先頭の as, too は、副詞・形容詞・冠詞・名詞 の語順にする
● 接続副詞（however ／ though ／ therefore など）は文中・文末に置くことができるものがある

英文法コラム⑤

almostは要注意 !?

　p.64 〜 65で登場した almost は副詞なので、almost of 〜は誤りであるという注意点がありました。almost は、その他にも多くの注意点がある単語です。意味を「ほとんど」とだけ覚えていると、「ほとんどの人」というときに、almost people としてしまいがちですが、これも誤りです。almost は副詞なので名詞の people を直接修飾することはできないのです。「ほとんどの人」ならば、most people とします。

「ほとんどの人」
× almost people ⇒ ○ most people

　続いて、「ほとんどの人」を almost で表したいならば、副詞が修飾できる形容詞を次に持ってくれば構いません。例えば、almost all the people とすれば、副詞である almost が形容詞の all を修飾しているので、可能な表現になります。

例 **Almost all** the children here speak two languages.

訳 ここにいるほぼすべての子供たちが 2 か国語を話す。

例外的ですが、almost everybody 「ほぼ全員」の表現も可能です。

例 **Almost everybody** living here uses cars for transportation.

訳 ここで生活しているほぼ全員が、移動のために車を使う。

　まとめると、almost は副詞なので、almost of 〜や almost ＋ 名詞 は原則使えません。almost を使って「ほとんどの人」としたい場合は、almost all the people とします。例外的に、almost everybody は almost が形容詞の every を修飾しているとみなして、可能な表現となります。

Lesson 29 at

34

> **ここが POINT!**
>
> at の『核』は"点"

　前置詞には基本9前置詞というものがあり、at, on, in, from, to, for, by, of, with があります。順に説明していきますが、すべてにおいて前置詞が持つ『核』のイメージをつかむと、細かい用法がどんどんつながっていきます。

atの『核』は"点"

　at の『核』は"点"になります。例えば、時刻の at といわれ、「〜時」を表すときは at を使います。これは、ネイティブが時計の短針が指す先を"点"でイメージしているので、at を使うのです。

---

❶ The shops close at six.

訳 お店は6時に閉店する。

　続いて、場所の at です。これは地図を広げて目的地を指で指すイメージです。やはり"点"のイメージができます。

---

❷ The bus stops at your hotel.

訳 そのバスは、あなたのホテルに止まります。

　次に割合の at です。at を使って温度やスピードを表すことができます。これも温度計や速度計の目盛りの先を"点"としてとらえるイメージです。

❸ The temperature stands **at** 25℃ .

訳 気温は摂氏25度だ。

　続いて、**対象の at** です。対象の at は**標的のイメージ**です。的の狙う箇所を"点"でとらえている感じです。look at「見る」は**視線の先を標的の1点**で、aim at「～をねらう」も**標的の先を一点**でとらえているイメージです。laugh at も元々「あざ笑う」というニュアンスがあるので、標的のイメージの at です。

❹ Everyone in the class laughed **at** him.

訳 クラスの全員が彼のことを笑った。

　❹の対象の at に感情が加わると、❺の**感情対象の at** です。be surprised at「～に驚く」、be disappointed at「～に失望する」、be shocked at「～にショックを受ける」など**強めの感情の対象**に at が好まれます。

❺ I was surprised **at** his success.

訳 私は彼の成功に驚いた。

"点"のイメージの at をまとめます。

at のまとめ
● at の『核』は"点"
⇒ 時刻の at（時計の針が示す一点）
　 場所の at（地図上の一点）
　 割合の at（目盛りの一点）
　 対象の at（標的の一点）
　 感情対象の at（対象の at に感情がプラス）

Part 6 前置詞

35

Lesson 30 on

> **ここが POINT!**
> on の『核』は "接触"

　on は「〜の上に」という訳から学ぶことが多いですが、前置詞を日本語訳で理解するのはおすすめできません。前置詞はその『核』からおさえます。on の『核』は "**接触**" になります。There are many books on the desk.「机の上に本がたくさんある」という例文では、確かに on「〜の上に」で通用します。

---

❶ There are many books on the desk.

㉄ 机の上に本がたくさんある。

　一方、There is a beautiful picture on the wall.「壁に美しい絵がかかっている」になると、on「〜の上に」では通用しません。壁と絵が "**接触**" という視点でとらえます。

---

❷ There is a beautiful picture on the wall.

㉄ 壁に美しい絵がかかっている。

　そして、There is a spider on the ceiling.「天井にクモがいる」でも、on はやはり "接触" です。クモと天井が "**接触**" しているのがわかるでしょう。

---

❸ There is a spider on the ceiling.

㉄ 天井にクモがいる。

　続いて、信頼の on です。

人と人との接触から"信頼のon"

　単純な "接触" から「人と人との接触」へと広がり、信頼の on になります。depend on 「頼る」や count on, rely on, fall back on とすべて「頼る」です。

❹ I am depending on you.

訳 私はあなたを頼りにしているよ。

　次に、根拠の on です。

土台に接触して立つと"根拠のon"

　「何かの土台に接触して立つ」ことから根拠の on です。be based on 「～に基づいている」や on purpose 「わざと」で使われています。根拠の on と purpose 「目的」が合わさって、「目的に基づいて」＝「わざと」になります。

❺ I didn't break the dish on purpose.

訳 私はその皿をわざと割ったわけじゃない。

　続いて、曜日・日付の on です。

曜日や日付に基づいて行動すると"曜日・日付のon"

　これも根拠の on から派生して、「曜日や日付に基づいて行動する」ことからきています。ネイティブも日本人も日曜日は休みで、誕生日や結婚記念日にはお祝いをします。

❻ His birthday party was held on January 21.

訳 彼の誕生日パーティは１月21日に開かれた。

> on のまとめ
> ● on の『核』は "接触" ⇒ 信頼の on ／ 根拠の on ／ 日付・曜日の on

Part
6

前置詞

Lesson 31 in

> **ここが POINT!**
>
> in の『核』は "包囲"

in は「〜の中に」と訳されることが多いですが、これも『核』からおさえます。in の核は "包囲" です。空間の中に包まれているイメージから、さまざまな用法が生まれていきます。

ネイティブは方角を"空間"でとらえている

例えば、方角の in と呼ばれる重要な用法がありますが、これも "包囲" から説明できます。四方を囲まれた空間をイメージしてください。日本人の感覚では「西に」というと指をさして点のイメージかもしれませんが、ネイティブの感覚では西の方角を大きな空間でイメージします。

❶ The sun sets in the west.

訳 太陽は西に沈む。

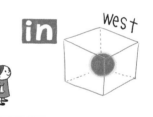

続いて、状態の in です。

"状態のin"は見えないオーラに包まれている

例えば、I am in good health.「私はとても健康だ」というと、人が元気なオーラに包まれているイメージです。他にも、fall in love with「〜と恋に落ちる」というと、主語と目的語の2人がハートマークに包まれているイメージです。get in touch with「〜と連絡をとる」も、主語と目的語が接触した空間に包まれているイメージです。

❷ I'm in good health.

訳 私はとても健康だ。

次に、着用の in です。

"着用のin"は人が洋服に包まれている

　これは人が洋服に包まれているイメージです。例えば、You look nice in red. とすると「あなたは素敵に見える、赤い服に包まれていると」＝「あなたは赤い服が似合う」となります。

> ❸ You look nice in red.
>
> 訳　あなたは赤色の服が似合う。

　最後に、時の経過の in です。

"時の経過のin"は行為がその時間に包まれている

　最後の時の経過の in は、ある行為がその時間に包まれているイメージです。例えば、「夕食は10分後にできるよ」と言いたいとき、Dinner will be ready in ten minutes. と表現します。夕食の準備が10分という時間に包まれているイメージです。

> ❹ Dinner will be ready in ten minutes.
>
> 訳　夕食は10分後にできるよ。

> in のまとめ
>
> ● in の『核』は "包囲"
> 　⇒ 方角の in ／ 状態の in ／ 着用の in ／ 時の経過の in

Lesson 32　from

37

> ### ここが POINT!
> from の『核』は "起点"

日本語で「〜から」と訳されることが多い from も、『核』は "起点" です。

"起点"＝"出発点のfrom"

まずは、"起点" と限りなく近い "出発点" です。例えば、「家から職場まで歩いていく」とするとき、家が "出発点" なので、from を使って from my house to my office「家から職場まで」とします。

> ❶ I walk from my house to my office.
>
> 訳 私は家から職場まで歩いて通っている。
>
>

続いて、原料の from です。

ものの起点から"原料のfrom"

from の『核』である "出発点" から、ものが作られる "出発点" となる "原料の from" が生まれます。例えば、「バターはミルクで作られている」と原料を表したいときは from を使って、Butter is made from milk. とします。

> ❷ Butter is made from milk.
>
> 訳 バターはミルクで作られている。
>
>

続いて、原因の from に進みます。

物事の起点から"原因のfrom"

物事が起こる "出発点" として、原因の from があります。例えば、「多くの人が飢えで苦しんでいる」を Many people are suffering from hunger. とします。

❸ Many people are suffering from hunger.
訳 多くの人が飢（う）えに苦しんでいる。

　次に、一見するとこれまでと大きくニュアンスが変わるように見えるのが、分離の from です。

起点から出発して大きく離れると"分離のfrom"

　起点からスタートして、徐々に離れていくと分離を表すようになります。例えば、「私」と「外出する行為」を、from で分離させると、prevent me from going out となります。prevent（stop, keep）O from doing「O が〜するのを妨（さまた）げる」でおさえます。

❹ The heavy rain prevented me from going out.
訳 大雨のせいで、私は外に出られなかった。

　最後が区別の from です。

２つのものを分離すると"区別のfrom"

　似たようなものを分離することで区別することにつながります。そこから生まれたのが区別の from で、tell（know, distinguish）A from B「A を B と区別する」でおさえておきましょう。

❺ I can't tell her from her sister.
訳 私は彼女を彼女の姉と区別できない。

> **from のまとめ**
> ● from の『核』は "起点"（出発点の from ／原料・原因の from ／
> 　分離の from ／区別の from）

Part
6
前置詞

Part 6 前置詞

Lesson 33 to

ここが POINT!

to の『核』は " 矢印 "

---

to の『核』は "矢印" です。例えば、<u>不定詞</u>は「（これから）〜すること」の未来志向ですが、これも元々は前置詞の to の "矢印" というこれから先を考えるイメージからきています。

"矢印"の先をイメージすると"終点のto"

p.96で紹介したように、from には "出発点" を表す用法がありました。to はそれと正反対の "終点" のイメージがあります。よって、"出発点" の from と "終点" の to を合わせたのが、<u>from A to B</u>「A から B まで」になります。

---

❶ She knows everybody from A **to** Z.

訳 彼女はみんなのことを何から何まで知っている。

アルファベットの最初の文字である A から、最後の文字である Z を使うことで、<u>from A to Z</u>「何から何まで」という熟語になります。続いて、<u>方向の to</u> です。

"矢印"は"方向のto"を表す

"矢印" はどこかを向いているので、"方向" の用法が生まれるのはすぐにわかるでしょう。例えば、Turn to the left.「左を向きなさい」では、p.94で紹介した<u>方角の in</u> と比べると、<u>もっと近くにある方向</u>を指します。「彼は私を指さして、発言するように言った」では、He pointed to me and told me to speak out. とします。<u>point to</u>「〜を指さす」で覚えておきましょう。

---

❷ He pointed **to** me and told me to speak out.

訳 彼は私を指さして、発言するように言った。

続いて、"一致"の用法です。

そこを向くことで"一致のto"

to の "矢印" のイメージから、ある方向を向くことで、そこに合わせるという "一致" の用法が生まれます。例えば、「私たちは音楽に合わせて踊った」としたいとき、一致の to を使って We danced to the music. とします。

> ❸ We danced to the music.
> 訳 私たちは音楽に合わせて踊った。

最後は to one's 感情名詞 「〜ことに」です。

"to one's 感情名詞 "は、ある行為がその感情に到達する

例えば、「驚くことに、そのチームが負けてしまった」と言いたいときに、The team lost the game to my surprise. とします。「そのチームがゲームに負けて」⇒「驚き」といったイメージです。もっともこの文では、英文の情報構造（後ろにくるものが重要）から、to my surprise がいちばん伝えたいメッセージになってしまいます。そうではなくて、たいていは「そのチームが負けた」ことがいちばん伝えたいメッセージなので、To my surprise, the team lost the game. とします。

> ❹ To my surprise, the team lost the game.
> 訳 驚くことに、そのチームが負けてしまった。

他にも、感情名詞のところに disappointment, sorrow, regret, joy などが入って、順に「失望したことに」、「悲しいことに」、「残念ながら」、「嬉しいことに」となります。

> **to のまとめ**
> ● to の『核』は "矢印" ⇒ 終点の to ／方向の to ／一致の to ／
> 　　　　　　　to one's 感情名詞

39

Lesson 34 for

> ここが POINT!
>
> for の『核』は " 方向 "

for の『核』は " **方向** " ですが、to にも**方向の to** がありました。to には、方向に加えて " **到達** " の意味も含まれますが、for の " **方向** " は、その**出発点**がイメージされているだけで**到達したかどうかのニュアンスは含まれていません**。

forの"方向"は出発点だけをイメージ

これがわかると、例えば「**大阪に向かって東京を出発した**」と言いたいとき、**大阪に着いたかどうかはわからない**ので、**to は使いません**。その代わりに、**for を使う**ことで「**大阪に向かって**」と出発点をイメージして方向を示すことができます。

---

❶ The train left Tokyo for Osaka.

🈠 その電車は大阪に向かって東京を出発した。

---

leave A for B「**B に向かって A を出発する**」でおさえます。次に、**賛成の for** です。

前向きな気持ちが向かうと"賛成のfor"

続いて、前向きな気持ちが何かに向かうことで、**賛成の for** が生まれます。ちなみに、**反対する**際には、**反対の against** を使います。

---

❷ Are you for or against the plan?

🈠 あなたはその計画に賛成ですか、反対ですか？

次も、**気持ちが向かう**ことで、**追求の for**「**〜を求めて**」が生まれます。

ほしい気持ちが向かうと"追求のfor"

例えば、「**アドバイスを求める**」と言いたいとき、アドバイスに**気持ちが向かう**ので**追求**

の for を使って、ask for some advice とします。

---

❸ I always ask for my brother's advice.

訳 私はいつも兄のアドバイスを求める。

次に、理由の for「〜のために」です。

"追求のfor"から"理由のfor"へ

追求の for「〜のために」から、理由の for「〜のために」が生まれます。例えば、「自由を求めて戦う」は、fight for freedom と表現しますが、これは「自由のために戦う」と解釈することもできます。

---

❹ There have been many people fighting for freedom.

訳 多くの人が自由のために戦った。

最後が交換の for です。

双方向のやり取りになると"交換のfor"

一方通行の方向から発展して、双方向のやりとりになると、「交換の for」が生まれます。for nothing は、「ゼロと引き換えに」＝「無料で」となります。take A for B「A を B と思う」、mistake A for B「A を B と間違う」も交換の for です。

---

❺ I got a new bag for nothing.

訳 私は新しいカバンを無料で手に入れた。

> **for のまとめ**
> ● for の『核』は"方向"（賛成の for ／ 追求の for ／ 理由の for ／ 交換の for）

40

Lesson 35 by

> **ここが POINT!**
>
> by の『核』は " 近くにいること "

by も、日本語を先に覚えると、混乱してしまう前置詞の1つでしょう。「〜によって」とか「〜のそばで」など、いろいろ出てきますが、by の『核』は後者のほうです。すなわち、"近くにいること"、これが by の『核』になります。

"行為者のby"も人が近くにいるイメージ

by をよく目にする場面に、**受動態の文で登場する行為者のby**があげられるでしょう。「〜によって」という訳にはなりますが、これも元々その行為者が "近くにいる" イメージからきています。例えば、「昨日、私は見知らぬ人に襲われた」としたいとき、受動態と行為者の by を使って、I was attacked by a stranger yesterday. とします。

❶ I was attacked by a stranger yesterday.

訳 私は昨日見知らぬ人に襲われた。

続いて、**期限の by** です。

"期限のby"も期限が近くに迫っているイメージ

期限の by 「〜までには」も、「近くにいる」イメージです。例えば、「お昼頃までには帰るよ」と言いたいとき、**期限のby**を使って、I will be back by around noon. と表現します。「お昼が**近づく**頃には、戻るよ」といった感じです。

❷ I will be back by around noon.

訳 お昼頃までには戻るよ。

次は、**経由の by** です。

「～の近くを通って」から「～を経由して」の意味が生まれます。例えば、by way of「～を経由して」という熟語にも**経由の** by が使われています。

❸ You should go to Nara **by** way of Kyoto.

訳 あなたは京都経由で奈良に行くべきだ。

最後に、**by を使った熟語**を紹介します。

stand byもcome byも近くにいるイメージ

stand by「味方する」も「近くにいる」イメージです。「私はいつでもあなたの味方です」と言いたいとき、I will always stand by you. とします。私があなたの「近くにいる」イメージがわかるでしょう。stand by「～の近くに立つ」＝「～の味方をする」です。

❹ I will always stand **by** you.

訳 私はいつでもあなたの味方です。

続いて、come by「～を手に入れる」も by の「近くにいる」イメージです。come by「～のそばにやってくる」＝「～を手に入れる」です。

❺ That car is difficult to come **by**.

訳 その車を手に入れるのは難しい。

---

by のまとめ

● by の『核』は "近くにいること"
　行為者の by ／ 期限の by ／ 経由の by ／ by を使った熟語（stand by, come by など）

Part
6
前置詞

41

Lesson 36　of

ここが POINT!

of の『核』は " つながり "

　of の『核』は " つながり " です。分離の of や略奪の of の印象が強いと、意外かもしれませんが、" つながり " を『核』に見ていきましょう。

" つながり " のあるものが分離して、奪われる

　分離の of から紹介していきます。be independent of 「〜から自立している」の of は分離の of です。例えば、You should be independent of your parents. 「あなたは親から自立すべきだ」は、元々 " つながり " のある you と your parents が離れるべきだという文脈です。

> ❶ You should be independent **of** your parents.
>
> 訳 親から自立すべきだ。

分離

　続いて、略奪の of です。例えば、「彼らがその女性から財布を奪った」は、rob A of B 「A から B を奪う」を使って、They robbed the woman of her wallet. となります。これも、元々その女性が財布を持っており、" つながり " があります。他にも、deprive A of B 「A から B を奪う」、cure A of B 「A の B を治す」、clear A of B 「A から B を取り除く」とすべて略奪の of です。

> ❷ They robbed the woman **of** her wallet.
>
> 訳 彼らはその女性から財布を奪った。

略奪

　続いて、材料の of に進みます。

材料のofは"つながり"が見えるものに使う

　材料の of は、of の核である "つながり" が簡単にイメージできます。例えば、be made of「〜でてきている」は材料で、be made from は原料のときに使うというルールがあります。be made of は主語と目的語のつながりが見えるときに使います。The ring is made of gold.「その指輪は金でできている」は、材料の of ですが、ゴールドの指輪を見ると、簡単に金からできているとわかります。一方、Wine is made from grapes.「ワインはブドウで作られている」では、ワインは液体でぶどうは固体なので、形状が変化したものはつながりがないと判断して from を使います。他にも、consist of, be composed of, be made up of とすべて「〜から成っている」で、材料の of です。

---

❸ **The ring is made of gold.**

訳 その指輪は金でできている。

Part **6**

前置詞

　最後の関連の of も何かと何かをつないでいます。

"関連のof"も何かと何かをつなぐ

　例えば、inform A of B「A に B を知らせる」では、A に B という情報をつないでいます。remind A of B「A に B を思い出させる」や convince A of B「A に B を納得させる」も A と B とのつながりを生み出す同じグループの表現です。

---

❹ **I informed her of my new address.**

訳 私は彼女に新しい住所を知らせた。

---

of のまとめ
● of の『核』は "つながり" (分離の of ／ 略奪の of ／ 材料の of ／ 関連の of)

Lesson **37** with

42

> ここが **POINT!**
>
> with の『核』は"対立"

「〜と一緒に」で有名な with ですが、with の元々の意味、すなわち『核』は"対立"です。

get angry with「〜に腹を立てる」は"対立のwith"

get angry with「〜に腹を立てる」の with は、まさに with の核である"対立の with"です。例えば、「私は彼に腹を立てた」は、対立の with を使って、I got angry with him. とします。

---

❶ I got angry with him.

訳 私は彼に対して腹を立てた。

続いて、同伴の with「〜と一緒に」です。

"対立のwith"から"同伴のwith"に意味が広がる

続いて、こちらも元々は対立の with で、fight with「〜と戦う」という表現がありました。ところが、これは文脈により、「〜と一緒に戦う」という同伴の with の意味になることがあります。例えば、「イギリスは、第二次世界大戦でフランスと共闘した」とすると、Britain fought with France in World War Ⅱ. とします。

---

❷ Britain fought with France in World War Ⅱ.

訳 イギリスは、第二次世界大戦で
フランスと共闘した。

次は、所有の with「〜を持って」です。

"同伴のwith"から"所有のwith"へ

ここまでくればしめたものです。どんどん with のつながりが見えてきます。例えば、a

house with a garden「庭とセットの家」とは、「庭を所有している家」と理解することができますね。ここから、「〜を持って」という所有の with が生まれます。

> ❸ I live in a house **with** a garden.
>
> 🈩 私は庭付きの家に住んでいる。

続いて、道具の with「〜を使って」です。

"所有のwith"から"道具のwith"、"関連のwith"へ

所有の with から道具の with「〜を使って」へと意味が広がっていきます。例えば、cut the meat with a knife「ナイフを持って肉を切った」ということは、「ナイフを使って肉を切った」ことになります。

> ❹ I cut the meat **with** a knife.
>
> 🈩 私はナイフを使って肉を切った。

最後の関連の with「〜に関して」も、所有の with から意味が広がっていきます。例えば、「あなたと一緒にどんな問題がありますか」＝「あなたに関してどんな問題がありますか」という What is the matter with you? になります。

> ❺ What is the matter **with** you?
>
> 🈩 どうしましたか？

> **with のまとめ**
> ● with の『核』は "対立"
>   （対立の with／同伴の with／所有の with／道具の with／関連の with）

Part **6**
前置詞

Part 6 前置詞

43

Lesson 38 前置詞の抽象化①

> ### ここが POINT!
> 前置詞＋抽象名詞 が他の品詞に変化する

　前置詞が、後ろに抽象名詞という目に見えない名詞をとると、元々の前置詞の意味を越えて、新しい意味を作り出すことができます。このような現象を"前置詞の抽象化"といいます。まずは、前置詞＋抽象名詞 が別の品詞に変化する表現を見ていきましょう。

with ＋ 抽象名詞 が副詞に変化する

　with の後ろに抽象名詞がくると、1語の副詞に置きかえられる表現があります。例えば、with care「注意をもって」＝ carefully「注意深く」と置きかえることができます。with にはたくさんの用法があるので、解釈に迷ってしまいますが、このルールを知っておくとwith care を単純に carefully に置きかえて、何も迷うことなく「注意深く」という正しい解釈につなげることができます。

> ❶ You should carry this package with care.
>
> 訳 この荷物を注意深く運ぶべきだ。
>
>

　続いて、with ease も1語の easily「簡単に」に置きかえることができます。

> ❷ He solved the problem with ease.
>
> 訳 彼はその問題を簡単に解決した。
>
>

　with ease が easily と同じだとわかると、上の例文は「彼はその問題を簡単に解決した」とわかります。次に、of ＋ 抽象名詞 ＝ 形容詞 に進みます。

of + 抽象名詞 が形容詞に変化する

of + 抽象名詞 は形容詞に置きかえることができます。これも、of にはさまざまな用法がありますが、of importance が1語の important に置きかえられるとわかると、「重要だ」と簡単に意味を理解することができます。たいていは、of と importance の間に、great や no などの形容詞が入ります。

❸ Time is **of** great **importance**.

訳 時はきわめて重要だ。

続いて、of value は1語の valuable「価値のある」に置きかえられます。of great value となると、「とても価値のある」の意味になります。

❹ His lecture is **of** great **value** to me.

訳 彼の講義は、私にとってとても価値のあるものだ。

最後が of use = useful「役に立つ」です。

❺ This tool was **of** no **use**.

訳 この道具はまったく役に立たなかった。

前置詞＋抽象名詞 が別の品詞に置きかえられる表現をまとめます。

前置詞の抽象化①のまとめ
- with + 抽象名詞 = 副詞（with care = carefully／with ease = easily など）
- of + 抽象名詞 = 形容詞（of importance = important／of value = valuable／of use = useful など）

前置詞

Lesson 39　前置詞の抽象化②

44

> **ここが POINT!**
> 前置詞の意味が変化する !!

　例えば、over という前置詞は、「〜を越えて」という意味を思い浮かべる人が多いでしょう。There is a nice bridge over the river.「その川に素敵な橋がかかっている」は、川の上を「越えて」橋がかかっている様子がイメージできます。

---

❶ There is a nice bridge over the river.

訳 その川に素敵な橋がかかっている。

---

over「越えて」から「〜しながら」に広がる

　一方で、Let's talk over a cup of coffee. の over はどうでしょうか。「コーヒーを飲みながら話しましょう」となりますが、over の「越えて」という意味はどこに消えたのでしょうか。実は、決して over の「越えて」の意味が消えたわけではなくて、「コーヒーの上を越えて話しましょう」＝「コーヒーを飲みながら〜」となります。テーブルの上にコーヒーが2杯置かれて、その上を越えて会話が飛び交う光景とは、まさに「コーヒーを飲みながら」話をする様子ですね。物事に従事する（関わる）という意味から、従事の over「〜しながら」と覚えておきましょう。このように、元の具体的な意味が別の意味に転じる現象を "前置詞の抽象化" と呼びます。

---

❷ Let's talk over a cup of coffee.

訳 コーヒーを飲みながら話をしましょう。

　続いて、over は覆いかぶさる感じの「越えて」ですが、より広い範囲を指す above「上に」を見ていきます。above も元々は、「〜より上に」の意味です。例えば、The clock is above my bed. とすると、「時計が私のベッドの上にかかっている」という表現です。

❸ The clock is **above** my bed.

🈡 時計が私のベッドの上にかかっている。

above「～より上に」から「理解できない」に広がる

above の単なる位置関係を示す「～より上に」から、超越の above「理解できない」に広がります。例えば、The lecture was **above** me.「その講義は私には理解できなかった」とは、「私の理解より上に」＝「私には理解できない」となります。

❹ The lecture was **above** me.

🈡 その講義は、私には理解できなかった。

続いて、beyond「～を越えて」に進みます。

beyond「越えて」から否定の意味に広がる

beyond「越えて」も、例えば The store is just **beyond** the river.「そのお店はちょうど川の向こうにある」と単なる位置関係を示す表現があります。

❺ The store is just **beyond** the river.

🈡 そのお店はちょうど川の向こうにある。

beyond の元々の「～を越えて」から、否定の意味が生まれます。description「描写」のような抽象名詞がくると beyond description「描写を越えて」＝「言葉にならないほど」と否定の意味を表すことができます。他にも、beyond one's understanding「理解できないほど」、beyond belief「信じられないほど」などがあります。

❻ The picture is beautiful **beyond description**.

🈡 その絵は言葉にならないほど美しい。

Part 6

前置詞

最後に、under「〜の下に」も、例えば、Please write your name **under** your address.「住所の下に名前を書いてください」と単なる位置関係を示す用法があります。

> ❼ Please write your name **under** your address.
>
> 訳 住所の下に名前を書いてください。
>
>

そして、under も新しい意味へと広がります。

under「下に」から「〜最中」の意味に広がる

under「〜の下に」から、例えば construction「建設」のような抽象名詞がくると、その名詞の支配下、影響下に置かれていることから、under construction「建設中で」と「〜最中」の意味を込めることができます。例えば、This stadium is under construction. とすると、「建設の影響下に置かれて」＝「建設中で」となります。他にも、under discussion「議論の最中で」、under way「進行中で」などがあります。

> ❽ This stadium is **under** construction.
>
> 訳 このスタジアムは建設中だ。

前置詞の抽象化②のまとめ

● over の『核』は「越えて」
  ⇒ 従事の over（over a cup of coffee「コーヒーを飲みながら」など）
● above の『核』は「上に」
  ⇒ 超越の above（above me「私には理解できない」など）
● beyond の『核』は「越えて」
  ⇒ 否定の beyond（beyond description「言葉にならないほど」／
    beyond belief「信じられないほど」など）
● under の『核』は「下に」
  ⇒ 最中の under（under construction「建設中で」／
  under discussion「議論の最中で」など）

Part6 前置詞のまとめ

Lesson29 at

● at の『核』は"点"⇒ 時刻の at ／ 場所の at ／ 割合の at ／ 対象の at ／ 感情対象の at

Lesson30 on

● on の『核』は"接触"⇒ 信頼の on ／ 根拠の on ／ 日付・曜日の on

Lesson31 in

● in の『核』は"包囲"⇒ 方角の in ／ 状態の in ／ 着用の in ／ 時の経過の in

Lesson32 from

● from の『核』は"起点"⇒ 出発点の from ／ 原料・原因の from ／ 分離の from ／ 区別の from

Lesson33 to

● to の『核』は"矢印"⇒ 終点の to ／ 方向の to ／ 一致の to ／ to one's 感情名詞

Lesson34 for

● for の『核』は"方向"⇒ 賛成の for ／ 追求の for ／ 理由の for ／ 交換の for

Lesson35 by

● by の『核』は "近くにいること"
　⇒ 行為者の by ／ 期限の by ／ 経由の by ／ by を使った熟語（stand by, come by など）

Lesson36 of

● of の『核』は "つながり" ⇒ 分離の of ／ 略奪の of ／ 材料の of ／
　　　　　　　　　　　　　　　　　関連の of

Lesson37 with

● with の『核』は "対立" ⇒ 対立の with ／ 同伴の with ／ 所有の with ／
　　　　　　　　　　　　　　道具の with ／ 関連の with

Lesson38・Lesson39 前置詞の抽象化①・②

● with + 抽象名詞 = 副詞（with care = carefully／with ease = easily など）
● of + 抽象名詞 = 形容詞（of importance = important／of value = valuable／of use = useful など）
● 従事の over（over a cup of coffee「コーヒーを飲みながら」など）
● 超越の above（above me「私には理解できない」など）
● 否定の beyond（beyond description「言葉にならないほど」／
　beyond belief「信じられないほど」など）
● 最中の under（under construction「建設中で」／ under discussion「議論の最中で」など）

COLUMN

英文法コラム⑥
会話でも前置詞は大活躍!!

　実際の会話でも、前置詞は大活躍します。例えば、It's ten to five. と言われると、何時を指しているかすぐにわかるでしょうか？　to という前置詞の『核』は何でしたか？ "矢印"と紹介しました。上の文の to を矢印に置き替えてみましょう。It's ten ⇒ five. となります。すなわち、**5時に向かって10分あるのだから、4時50分**だとわかります。ちなみにこの表現は、残り10分、5分という反対から数えたほうが明らかに少ない時間に使われるので、覚えておきましょう。

> 例 **It's ten to five.**
> 訳 4時50分だ。

　次に、for を使った会話表現を見ていきましょう。例えば、I'm all for it. というと、どういう意味になるかわかりますか？　forの『核』を思い出してみましょう。for の『核』は "方向" でした。そこから、**前向きな気持ちが向くと、賛成の for** が生まれます。allは強調する役割で「すっかり」の意味なので、I'm all for it. で「**大賛成だ**」になります。

> 例 **I'm all for it.**
> 訳 大賛成だ。

　続いて、新幹線に乗ると、毎回お決まりの車内アナウンスが聞こえてきます。たいていは日本語の後に英語が続きますが、例えば The train is bound for Osaka. というアナウンスはどういう意味でしょうか？　for は**方向**を示すので、be bound for は＝「～行きだ」となります。

> 例 **The train is bound for Osaka.**
> 訳 その電車は大阪行きだ。

　最後に、You asked for it. は、文脈によってどんな意味になるかをご存知でしょうか？　for の**方向**から、**追求の for**「**～を求めて**」と学びました。ask for「～を求める」から、You asked for it. とすると、「**あなたがそれを求めた**」、すなわち「**自業自得だ**」となります。

> 例 **You asked for it.**
> 訳 自業自得だ。

Lesson 40 準否定語

> **ここが POINT!**
>
> 準否定語は否定文と同じ !!

　英文を読んでいて、not や never という代表的な否定語を見ると、否定文だとアンテナが立ち、誰もが注意して読むことができます。一方、英語には**準否定語**というものが存在して、not や never ではないにもかかわらず、事実上の否定文を作ることができるものがあります。これから紹介する準否定語は、要注意の単語です。

頻度を打ち消す準否定語

　頻度を打ち消す準否定語には、rarely「めったに〜しない」があります。初めて目にする方もいるかもしれませんが、形容詞の rare は「レアな」とカタカナになっています。「レアな」とは「珍しい」ことで、「めったにない」ことを意味します。例えば、「私はめったに映画に行かない」と言いたいとき、I rarely go to the movies. とします。rarely にアンテナを立てて、否定文だという認識で理解しましょう。the movies は映画が複数あるところで「**映画館**」の意味です。

---

❶ I rarely go to the movies.

訳 私はめったに映画に行かない。

　続いて、rarely よりかたい言葉で、書き言葉でよく使われるのが seldom「めったに〜しない」です。ちなみに、**頻度を打ち消す強い否定語**は never「一度もない」です。続いて、**程度を打ち消す準否定語**です。

程度を打ち消す準否定語

　程度を打ち消す否定語は、hardly「ほとんど〜ない」です。p.85で紹介したように、hard の「難しい」から派生して、「〜するのが難しい」⇒「ほとんど〜できない」⇒「ほとんど〜ない」となります。「彼はその先生の言うことがほとんど理解できなかった」とすると、He could hardly understand the teacher. となります。

❷ He could **hardly** understand the teacher.

🈩 彼はその先生が言うことをほとんど理解できなかった。

　hardly「ほとんど～ない」とほぼ同じ意味で、少しかたくしたのが scarcely「ほとんど～ない」です。最後が、**数量を打ち消す準否定語**です。

数量を打ち消す準否定語

　p.80 ～ 81で紹介したように、**few や little は数量を打ち消す**「ほとんど～ない」です。❷のような程度を打ち消す hardly や scarcely と区別しましょう。**few は数を打ち消して、little は量を打ち消します。few は可算名詞の「少ない」**を表し、**little は不可算名詞の「少ない」**を意味します。

Part

7

否定・疑問

❸ There were **few** people in the restaurant.

🈩 そのレストランには、ほとんど人はいなかった。

　ちなみに、「１つも～ない」という**数量を打ち消す強い否定語は no** になります。

準否定語のまとめ
- 頻度を打ち消す準否定語 ⇒ rarely（seldom）「めったに～しない」
- 程度を打ち消す準否定語 ⇒ hardly（scarcely）「ほとんど～ない」
- 数量を打ち消す準否定語 ⇒ few ／ little「ほとんど～ない」

Part 7 否定・疑問

Lesson 41 部分否定

47

> **ここが POINT!**
>
> 部分否定は not ＋100%word !!

　部分否定を理解するには、反対の**全体否定**と合わせて理解することが大切です。**全体否定は「まったく〜ない」と全体を否定**しますが、**部分否定は「すべてが〜なわけではない」と一部を否定する表現**になります。例えば、Nobody knows what may happen tomorrow.「明日何が起こるかは誰にもわからない」は全体否定の文になります。

❶ **Nobody knows what may happen tomorrow.**

訳 明日何が起こるかは誰にもわからない。

　続いて、部分否定の文を紹介します。例えば、Not everybody can do it.「みんながそれをできるわけではない」とすると、**一部の人はそれをできない**という、**一部を否定する部分否定**になります。

❷ **Not everybody can do it.**

訳 みんながそれをできるわけではない。

　では、部分否定の表現をどうやって見分けたらいいのでしょうか。

not ＋100%wordが部分否定

　not everybody「みんなが〜なわけではない」は、まさに部分否定の表現ですが、**not の後ろに everybody「みんな」と100% を表す単語が使用されている**のが特徴です。

　続いて、Great men are **not always** wise.「偉人がいつも賢いとは限らない」も部分否定の表現になります。**not の後ろに100%word の always「いつも」**が使われています。

118

❸ Great men are **not always** wise.

訳 偉人がいつも賢いとは限らない。

　次に、not always と同じくらい頻度の高い部分否定の表現を紹介します。not necessarily「必ずしも〜とは限らない」です。例えば、The rich are not necessarily happy.「お金持ちが必ずしも幸せとは限らない」です。the ＋ 形容詞 「〜な人々」から、the rich「お金持ち」です。

❹ The rich are **not necessarily** happy.

訳 お金持ちが必ずしも幸せとは限らない。

　100%word として、名詞（everybody）、副詞（always, necessarily）と紹介しましたが、最後に形容詞の all を紹介します。例えば、Not all children like soccer.「すべての子供が、サッカーを好きなわけではない」と使います。

❺ Not all children like soccer.

訳 すべての子供が、サッカーを好きなわけではない。

　部分否定とは、すべて**例外を認める表現**になります。❷はそれをやれない人もいる、❸は賢くない偉人もいる、❹は幸せではないお金持ちもいる、❺はサッカーが好きではない子供もいるという内容です。「〜とは限らない」、「〜なわけではない」を部分否定の訳として使用しましょう。

部分否定のまとめ
● 部分否定 = not + 100%word（everybody ／ always ／ necessarily ／ all など）

Lesson 42　notを使わない否定表現

> ここが POINT!
>
> not を使わない否定表現は、丸暗記不要 !!

　否定語の not や、準否定語の rarely や few などを使わない否定表現を紹介します。なぜそういった意味になるのかを考えながら進めていきましょう。例えば、The book is far from satisfactory. とすると、「その本は満足からは程遠い」＝「その本は決して満足できない」と not を使わずに、否定の意味を表すことができます。far from「〜からほど遠い」＝「決して〜ない」です。

---

❶ The book is far from satisfactory.

訳 その本は決して満足できない。

　続いて、not を使わない「決して〜ない」を見ていきます。

far from, by no means, anything butが「決して〜ない」

　by no means「決して〜ない」を説明します。元々、means が名詞で「手段」なので、「どんな手段を使っても〜できない」＝「決して〜ない」となります。

---

❷ She is by no means stupid.

訳 彼女は決して愚かではない。

キリッ!

　続いて、anything but「決して〜ない」です。この表現は、前置詞の but「〜以外」＋ anything「何でも」＝「〜以外何でもよい」＝「決して〜ない」になります。

❸ He is **anything but** a gentleman.

訳 彼は決して紳士とはいえない。

❶の far from と近い free from 「～がない」を紹介します。

free fromは「～がない」

free from も「～ない」という表現ですが、こちらは far from の文を否定する場合と異なり、「ゼロだ」という意味で、何かの存在を否定する表現になります。

❹ His book is free from mistakes.

訳 彼の書いた本には間違いがない。

最後に、the last person to do 「最も～しそうにない」です。

the last person to doは「～する最後の人」

She is the last person to do that. 「彼女はそのようなことをする最後の人だ」＝「彼女はそのようなことをする人ではない」になります。the last person to do（that ～）で、「～する最後の人」＝「最も～しそうにない」と、not などを使わずに否定の意味を込めることができます。

❺ She is the last person to do that.

訳 彼女は最もそのようなことをしそうにない。

---

notを使わない否定表現のまとめ
- far from ／ by no means ／ anything but 「決して～ない」
- free from 「～がない」
- the last person to do (that) ～ 「最も～しそうにない」

121

Lesson 43　否定疑問文と付加疑問文

> **ここが POINT!**
>
> 英語は動詞に対して Yes, No を言う !!

　英語の疑問文には、通常の疑問文に加えて、<u>先頭の助動詞に not を付ける否定疑問文</u>と、<u>文末に主節を倒置させた疑問形を置く付加疑問文</u>があります。

否定疑問文は、動詞に対してYes, Noで答える !!

　否定疑問文とは、例えば Do you like this book? の<u>先頭の助動詞 Do に not を付けて、Don't you like this book?</u> と<u>相手に確認を求めるような文脈</u>で使います。

---

❶ Don't you like this book?

訳 あなたはこの本が好きではないの？

　否定疑問文でいちばんの問題になるのは、その答え方です。日本語で考えて、「好きではないの？」、「はい、好きではない」とすると、Yes としてしまいがちです。ところが、「はい、好きではない」と答えたいときは、No, I don't. が正しい形になります。あるいは、「いいえ、好きです」と答えるときは、No ではなくて、Yes, I do. と答えます。

---

❶' Don't you like this book?

訳 あなたはこの本が好きではないの？
　　Yes, I do. いいえ、好きです。
　　No, I don't. はい、好きではありません。

　否定疑問文の返答のしかたは、日本語で考えないことが最大のコツになります。そして、<u>英語は動詞に対して Yes か No で答える</u>ので、好きならば Yes で、好きではないなら No で答えるだけなのです。続いて、<u>付加疑問文</u>に進みます。

付加疑問文は文末で倒置させる

　付加疑問文は、例えば、It is very cold. の文尾に It is を倒置させて isn't it と付け加える
ことで、否定疑問文と同様に、相手に確認や同意を求める文脈で使います。

❷ It is very cold, isn't it?

　訳 今日はとても寒いよね？

　他にも、Let's ～ . の文に対しては、文末に shall we? と付け加えます。例えば、「映画
に行こう、いいね？」としたいとき、Let's go to the movies, shall we? とします。

❸ Let's go to the movies, shall we?

　訳 映画に行こう、いいね？

　最後に、命令文の場合の付加疑問文のつくり方です。命令文の文末にカンマを置いて、
will you? とします。命令文は You という主語を省略しているので、will you? と文末に付
けます。例えば、「家を早く出なさい、いいね？」といった念押しの時にも使用できます。

❹ Leave home early, will you?

　訳 家を早く出なさい、いいね？

> 【否定疑問文と付加疑問文のまとめ】
> ● 否定疑問文 ⇒ Don't などの否定形で始まり、動詞に対して返答すること
> 　　　　　　　　に注意
> ● 付加疑問文 ⇒ 肯定文は否定文、否定文は肯定文、Let's は shall we、
> 　　　　　　　　命令文は will you を文末に置く

Part
7
否定・疑問

Lesson 44 疑問文の慣用表現

 50

> ここが POINT!
>
> Would you mind doing ～? は、承認を求める疑問文

　文法上注意すべき疑問文として、<u>Would you mind doing ～?</u> があります。これは、「あなたは～することを気にしますか?」と、「もちろん気にしないよね、大丈夫だよね」と<u>当然の承諾を求める表現</u>になります。例えば、ファストフード店などで、大人数で使える座席を1人で使用している人に、複数人でいる自分たちが席を交換してもらいたいときに、<u>Would you mind exchanging seats?</u> と使います。

---

❶ **Would you mind exchanging** seats?

訳 席を譲ってくれますか?

Would you mind doing～?は、Not at all.で答える

　Would you mind doing ～? は、当然相手が承諾するだろうという前提で使うので、「もちろん気にしないよ」を意味する Not at all. か、Of course (Certainly) not. と答えることが多くなります。not を使っているにもかかわらず、O.K. の意味になることに注意しましょう。例外的に断る場合は、Yes, I would. となりますが、強い表現なので注意しましょう。

---

❶ **Would you mind exchanging** seats?

訳 席を譲ってくれますか?

Not at all. 「まったく気にしないよ」=「どうぞ」

Of course (Certainly) not.「もちろん気にしないよ」=「どうぞ」

Yes, I would.「ええ、お断りします」

　続いて、Why を使う以外に、理由を聞く表現として、How come ～?「なぜ～か?」と What ～ for?「何のために～か?」があります。

How come ～? は後ろにSVが続く

　How come ～?「なぜ～か?」という理由を聞く表現は、疑問文にもかかわらず、倒置せずに～に SV の文構造が続きます。通常疑問文では倒置が起きるにもかかわらず、なぜ How come ～? では倒置しないのでしょうか。実は、倒置した表現が省略されています。この表現は、元々形式主語の it を使って、How did it come about that ～?「～はどうやって生じたのか?」という表現です。この did it と about that が省略されたのが How come ～? なので、～は that 節内の表現で、倒置しないことがわかるでしょう。これがわかると、この表現は～が起きた経緯を聞いている表現だとわかります。

❷ How come you are angry?

訳 なぜあなたは怒っているの?

あなたの怒りは
どうやって生じたの?

　最後が、What ～ for?「何のために～か?」です。

What ～ for?は目的を聞く表現

　例えば、What did you go there for? は「あなたは何のためにそこに行きましたか?」と目的を聞く表現になります。for「～のために」から、目的を聞く表現とわかります。

❸ What did you go there for?

訳 あなたは何のためにそこに行きましたか?

何のために
行ったの?

疑問文の慣用表現のまとめ

● **Would you mind doing ～?**「～するのを気にしますか?」
　⇒「いいですよ」が Not at all. / Of course not. / Certainly not. と否定表現になることに注意
● **How come SV?**「なぜ～か?」 / **What ～ for?**「何のために～か?」

Lesson40　準否定語

- 頻度を打ち消す準否定語 ⇒ rarely（seldom）「めったに〜しない」
- 程度を打ち消す準否定語 ⇒ hardly（scarcely）「ほとんど〜ない」
- 数量を打ち消す準否定語 ⇒ few／little「ほとんど〜ない」

Lesson41　部分否定

- 部分否定 ＝ not＋100%word（everybody／always／necessarily／all など）

Lesson42　not を使わない否定表現

- far from／by no means／anything but「決して〜ない」
- free from「〜がない」
- the last person to do (that) 〜「最も〜しそうにない」

Lesson43　否定疑問文と付加疑問文

- 否定疑問文 ⇒ Don't などの否定形で始まり、動詞に対して返答することに注意
- 付加疑問文 ⇒ 肯定文は否定文、否定文は肯定文、Let's は shall we、命令文は will you を文末に置く

Lesson44　疑問文の慣用表現

- Would you mind doing 〜?「〜するのを気にしますか？」
  - ➡ 「いいですよ」が Not at all.／Of course not.／Certainly not. と否定表現になることに注意
- How come SV?「なぜ〜か？」／What 〜 for?「何のために〜か？」

COLUMN

英文法コラム⑦
要注意の疑問文

　注意が必要な疑問文を2つ紹介します。まずは、間接疑問文です。例えば、「なぜあなたは喜んでいるの？」は、Why are you happy? となります。一方で、「私には、なぜあなたが喜んでいるのかがわからない」は、I don't know why you are happy. となります。このように、**疑問文を文の主語や補語、目的語で使う表現を間接疑問文**といい、通常の疑問文と違い、**倒置しない**ことが重要です。

> 例 **I don't know why you are happy.**
>
> 訳 私には、なぜあなたが喜んでいるのかがわからない。

　次に、**wh疑問文が適している表現**と**間接疑問文を使ったDoから始まる疑問文が適している表現**を紹介します。例えば、「あの人は誰だと思いますか？」に Do you think who that person is? が不適切な理由がわかりますか？　Doから始まる疑問文は、Yes, No で答えることが通常です。「**あの人は誰だと思いますか？**」に Yes, No で答えても**意味がない**ので、この場合は wh 疑問文を使った Who do you think that person is? を使います。

> 例 **Who do you think that person is?**
>
> 訳 あの人は誰だと思いますか？

　一方、「あの人が誰か知っていますか」には、Do you know who that person is? が適しています。上の文と違って、「**あの人が誰か知っていますか**」には、Yes, No で答えるのが**適切**なので、Doから始まる疑問文が適しています。

> 例 **Do you know who that person is?**
>
> 訳 あの人が誰か知っていますか？

Lesson 45 強調表現

> ここが POINT!
>
> 強調表現は、品詞ごとに理解する !!

　強調構文と倒置に関しては、本書の姉妹本である『高校の英文読解が1冊でしっかりわかる本』の p.92 〜 p.103で詳細に説明したので、本書では割愛します。強調構文以外の強調表現を品詞ごとにまとめていきます。

疑問詞の強調はin the worldとon earth

　疑問詞の強調表現には、in the world と on earth があります。例えば、ある男性が怒っている状況を見て、一緒にいた人に「いったい全体あなたは彼に、何を言ったんだ？」と言うとします。疑問詞の what を強調したいときは、in the world を使って、What in the world did you say to him? とします。

---

❶ What in the world did you say to him?

訳 いったい全体あなたは彼に何を言ったんだ？

　続いて、自分の目の前で驚くようなことをやっている人に対して、「あなたはいったい何をしているの？」と言いたいとき、on earth を使って、What on earth are you doing? とします。

---

❷ What on earth are you doing?

訳 あなたはいったい何をしているの？

　続いて、否定表現である not の強調表現です。

notの強調はat allとin the least

　not の強調表現には、at all があります。not を強調するので、not 〜 at all「まったく

〜ない」になります。例えば、「私はテレビをまったく見ない」と言いたいときに、at all を使って、I don't watch TV at all. とします。

> ❸ I don't watch TV **at all**.
> 訳 私はテレビをまったく見ない。

　続いて、little の最上級である least で強調して、not 〜 in the least「少しも〜ない」とします。例えば、「私はその講義が少しも理解できなかった」と言いたいときに、in the least を使って、I didn't understand the lecture in the least. とします。

> ❹ I didn't understand the lecture **in the least**.
> 訳 私はその講義が少しも理解できなかった。

> **強調表現のまとめ**
> ● 疑問詞の強調 ⇒ in the world ／ on earth「いったい全体」
> ● not の強調 ⇒ not 〜 at all「まったく〜ない」／
> 　　　　　　　　not 〜 in the least「少しも〜ない」

プラス
α

very は名詞も強調できる !!

　very は very fast「とても速い」のように、副詞として形容詞などを強調することができます。しかし、例外的に the very ＋ 名詞 とすることで、「まさにその 名詞 」と名詞を強調することができます。例えば、「これはまさにずっと観たかった映画だ」とすると、the very を使って、This is the very movie I have wanted to see. とします。

> This is **the very** movie I have wanted to see.
> 訳 これは、まさにずっと観たかった映画だ。

Lesson 46 SVの省略

53

> **ここが POINT!**
>
> 接続詞の後ろの SV 省略は要注意 !!

　日本語と違って、英語の SV はとても重要な要素なので、通常は省略されることはありません。しかし、接続詞の後ろにある SV は省略されることがあります。次の英文をご覧ください。

---

❶ When young, I was interested in Hollywood movies.

訳 若い頃、私はハリウッド映画に興味があった。

---

　❶の文では、When young の部分に省略があるとわかります。When は p.11で紹介したとおり従属接続詞ですが、**本来は When S'V', SV. と、後ろに S'V' と文構造が続く**ので、❶の英文では SV が省略されているとわかります。

Sは主節と同じS、Vはbe動詞

　そうは言っても何でも省略できるわけではなくて、主語は主節（従属接続詞を含まない中心の文）と同じ主語、動詞は be 動詞に限って省略することが可能です。主節と同じならばあえて書く必要もないし、be 動詞は省略しても後ろの単語によって意味をとることは十分可能です。よって、❶では主節と同じ主語の I と、be 動詞の was が When と young の間に省略されているとわかります。When I was young とわかると、「私が若い頃」と問題なく意味が理解できます。次の文もどこに省略があるかを考えて、意味を考えてください。

---

❷ Cold chicken is delicious when eaten with salad.

訳 冷製チキンはサラダと食べるとおいしい。

delicious!!

　まず、接続詞の when があるので、後ろに S'V' が省略されているとわかります。続いて、S は主節と同じ S なので、it（cold chicken）、そして be 動詞の is を補うと、when it is eaten with salad「それをサラダと食べると」と正しい理解ができます。次の文も省略を意識して、解釈してください。

❸ **If necessary, you can use my PC.**

🈢 必要なら、私のパソコンを使ってもいいですよ。

　if が when と同様に従属接続詞なので、後ろに S'V' が省略されているとわかるでしょう。しかし、主節と同じ S と be 動詞とすると、If you are necessary となってしまい、p.75 で紹介した necessary は人を主語にとれないルールに反してしまいます。

主節全体を表すitとbe動詞が省略される

　if necessary「必要なら」は、慣用表現のようによく使われるもので、主節を表す it と be 動詞が省略されています。❸の文ならば、it is が省略されていて、it は主節の「私のパソコンを使うこと」を指しています。最後の例文です。

❹ **I would like to take a picture with you, if possible.**

🈢 可能なら、一緒に写真を撮って
いただきたいのですが。

　if possible「可能なら」という表現ですが、if necessary と同じように、主節を意味する it と is が省略されています。「あなたと一緒に写真を撮ることが可能なら」という意味です。

> **SV の省略のまとめ**
> ● 接続詞の後ろの S + be 動詞の省略（主節と同じ S、be 動詞）
> ● if necessary「必要なら」／ if possible「可能なら」は it is の省略

Lesson 47 その他の省略

54

> **ここが POINT!**
>
> すでに登場した情報が省略できる !!

　前の Lesson46 で扱ったもの以外の省略を見ていきます。省略とは、ある情報が突然消えるわけではなく、すでに出てきた情報のように、読み手や聞き手が明らかにわかる情報が省略されるという原則があります。次の文をご覧ください。

---

❶ **I like coffee, and my wife tea.**

訳 私はコーヒーが好きで、妻は紅茶が好きだ。

---

　❶は一見すると、and の後ろが my wife tea と名詞と名詞が並んでいます。しかし、and を挟んで、I like coffee と my wife likes tea という文の接続に気づくと、wife と tea の間に、likes が省略されているとわかります。

共通要素の省略

　このように、同じ文の形ですでに出てきた情報が省略されることを、共通要素の省略といいます。次の文も省略を考えて、文を解釈してください。

---

❷ **My father teaches mathematics and my mother English.**

訳 父は数学の教師で、母は英語の教師だ。

---

　and を挟んだ前後で、My father teaches mathematics と my mother teaches English という文が接続されています。teaches がすでに出てきた情報なので、省略されて❷の文になりました。次の文に進みます。

---

❸ **He went there, though his parents told him not to.**

訳 彼は、親が行かないように言ったが、そこへ行ってしまった。

代不定詞はto 1 語で不定詞の代わり

to1語で不定詞のカタマリを代用するのが、代不定詞です。❸の英文は、元々 told him not to go there で、go there はすでに出てきた情報なので、to1語だけを残します。最後の文に進みます。

---

❹ **Would you like to go to the movies?**

訳 映画を観に行かない？

I'd love to.

訳 ぜひ行きたい。

---

❹のように、代不定詞には、疑問文への返答で would like to do や would love to do の do を省略して to だけを残す用法があります。❹の例文でも、I would love to go to the movies. を省略したのが、I'd love to. という表現です。

その他の省略をまとめます。

その他の省略のまとめ

● 共通要素の省略 ⇒ 同じ文構造で、すでに出てきた情報は省略可能
● 代不定詞　　　 ⇒ to1語で不定詞のカタマリを代用

プラスα　動詞を強調する場合

part7で、疑問詞、not、名詞の強調表現を紹介しましたが、動詞を強調する表現もあります。例えば、「私は**本当に**彼女に謝った」と言いたいときに、I did apologize to her. とします。強調の助動詞 do といって、主語や時制によって、does や did に変化する場合もあります。

I did apologize to her.
訳 私は本当に彼女に謝った。

133

Part8　強調・省略のまとめ

Lesson45　強調表現

● 疑問詞の強調 ⇒ in the world ／ on earth「いったい全体」
● not の強調　⇒ not 〜 at all「まったく〜ない」／
　　　　　　　　　　　not 〜 in the least「少しも〜ない」
● 名詞の強調　⇒ the very ＋ 名詞 「まさにその 名詞 」

Lesson46・47 省略

● 接続詞の後ろの S ＋ be 動詞の省略（主節と同じ S、be 動詞）
● if necessary「必要なら」／ if possible「可能なら」は it is の省略
● 共通要素の省略 ⇒ 同じ文構造で、既出の情報は省略可能
● 代不定詞　　　⇒ to 1 語で不定詞のカタマリを代用

COLUMN

英文法コラム⑧
強調構文の応用

　本書の姉妹本である『高校の英文読解が1冊でしっかりわかる本』のp. 100～103で、強調構文をかなり細かく説明しました。本書では新たに、強調構文の応用を紹介したいと思います。

　次の文をご覧ください。

> **例** It was **not Tom but Mike** that told a lie.
>
> **訳** 嘘をついたのは、トムではなくてマイクだ。

　強調構文 It is A that ～ .「～なのはAだ」と、**not A but B「AではなくてB」が非常に相性のよい表現**になります。強調構文を使う際は、対比のニュアンスが込められており、たいていは**前述の情報を打ち消して、「いやいや実は～なんだ」**という文脈になります。上の文でも、これより前に、「トムが嘘をついた」という情報があり、それを打ち消して、上のような文が作られます。一方で、次の文をご覧ください。

> **例** It is **not** what you say that matters, **but** how you say it.
>
> **訳** 重要なのは、何を言うかではなくて、その言い方だ。

　この文は、元々 It is not what you say but how you say it that matters. で、It is not A but B that ～ . の構文でした。しかし、not A but B の情報が重いとき、but B を後ろに回す場合があります。It is not what you say that matters, but how you say it. と、matters の後ろでたいていはカンマを置いて、but 以下の情報を持ってきます。

　ちなみに、matter は動詞で「重要だ」の意味になるので、「重要なのは、何を言うかではなくて、その言い方だ」という表現になります。

　強調構文の応用形である It is not A but B that ～ . と、but B を後ろに回した It is not A that ～ , but B. の構文をおさえておきましょう。

Lesson 48 自動詞と他動詞の語法

> **ここが POINT!**
> 自動詞と他動詞が似ている動詞に注意 !!

　自動詞とは<u>目的語をとる際に前置詞が必要な動詞</u>で、他動詞は<u>直接目的語をとることのできる動詞</u>のことです。それでは、rise と raise の区別に進みます。

rise は自動詞／raise は他動詞

　rise は自動詞で「上がる」、「昇る」という意味です。例えば、「太陽は東から昇る」は、The sun rises in the east. とします。

---

❶ The sun rises in the east.

訳 太陽は東から昇る。

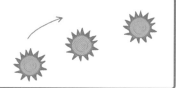

　一方で、raise は他動詞で「上げる」という意味です。例えば、「彼は手をあげて自分の意見を述べた」と言いたいとき、He raised his hand to express his opinion. となります。

---

❷ He raised his hand to express his opinion.

訳 彼は手をあげて自分の意見を述べた。

　続いて、grow up と bring up の区別です。

grow up は自動詞／bring up は他動詞

　grow up は「育つ」で自動詞になります。例えば、I grew up in Shizuoka.「私は静岡で育った」と使用します。

---

❸ I grew up in Shizuoka.

訳 私は静岡で育った。

　続いて、<u>bring up</u> は「育てる」で他動詞です。たいていは受動態にして、I was brought up to respect my parents.「親を敬うように育てられた」のように使います。

> ❹ I **was brought up** to respect my parents.
>
> 訳 私は親を敬^{うやま}うように育てられた。

　最後に lie と lay の区別を紹介します。

lieは自動詞／layは他動詞

　lie は「横になる」・「いる」と自動詞で、何かの存在を意味します。原形⇒過去形⇒過去分詞形は、lie-lay-lain と変化します。

> ❺ I **lay** in the sun for a long time.
>
> 訳 私は長時間日光浴をした。

　次に、**lay** は他動詞で、人の体を目的語にとると「横に寝かせる」、それ以外の目的語は「置く」になります。lay-laid-laid と変化します。

> ❻ I **laid** her coat carefully on the bed.
>
> 訳 私は彼女のコートを注意深くベッドに置いた。

自動詞と他動詞の語法のまとめ

自動詞	他動詞
rise「上がる」	raise「上げる」
grow up「育つ」	bring up = raise O「育てる」
lie「横になる（いる）」	lay「横にする（置く）」

Lesson 49 「貸す」・「借りる」の語法

57

> **ここが POINT!**
> 「借りる」は有料か無料か、移動可能か不可能かで使い分ける !!

　「貸す」・「借りる」の区別は、「借りる」の区別が難しいので、これを集中的に説明していきます。日本語の「借りる」に相当する英語は、rent, use, borrow などがあります。まず、「有料で借りる」場合は、rent を使います。

「有料で家を借りる」はrent

　おもに家や部屋を有料で借りる場合に rent を使います。例えば、「私は来月、東京でアパートを借りる予定だ」とすると、I am going to rent an apartment in Tokyo next month. とします。

---

❶ I am going to **rent** an apartment in Tokyo next month.

訳 私は来月、東京でアパートを借りる予定だ。

　次に、use と borrow は無料で借りる場合ですが、移動可能かどうかで判断します。

borrowは無料で移動可能なものを借りる場合

　borrow は、無料でかつ移動可能なものを借りる場合に使います。例えば、図書館で本を借りる場合、当然無料で本は移動可能です。あるいは、友人から自転車を借りる場合にも borrow を使います。自転車を友人から借りるのも無料で、かつ自転車は移動可能だからです。

---

❷ Could I **borrow** your bike?

訳 自転車を借りてもいいですか？

無料かつ移動可能！

　続いて、use を使って「借りる」を表す場合です。

useは無料で移動不可能なものを借りる場合

use は無料で移動不可能なものを借りる場合に使います。例えば、トイレを借りる場合は無料ですが、移動不可能なので、use を使います。

❸ Could I **use** your bathroom?

㊉ トイレをお借りできますか？

移動不可

ちなみに「トイレ」は、bathroom か restroom で表します。bathroom の bath は「お風呂」の意味ですが、アメリカではおもにお風呂と同室にトイレがあるので bathroom「トイレ」を意味します。一方で、restroom は外で「トイレ」を使う場合です。外で活動している場合に rest「休む」場所を意味します。次に、「貸す」の語法に進みます。

「貸す」はlend O₁ O₂と、「家を有料で貸す」場合はrent

「貸す」は、lend O₁ O₂「O₁に O₂を貸す」をおさえておきましょう。例えば、「お金を貸してくれますか？」は、Could you lend me some money? とします。

❹ Could you **lend** me some money?

㊉ お金を貸してくれますか？

家を有料で貸す場合は、lend ではなく rent を使います。

❺ I **rent** my apartment to other people.

㊉ 私はアパートを人に貸している。

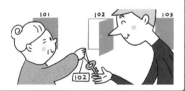

> 「貸す」・「借りる」の語法のまとめ
> ● 「借りる」は有料が rent（家や部屋）／無料が borrow（移動可能）、
>   use（移動不可能）
> ● 「貸す」は lend O₁ O₂ ／家を有料で貸すのは rent

Lesson 50 「言う」の語法

 58

> **ここが POINT!**
>
> talk と speak は自動詞 ／ tell と say は他動詞

　「言う」や「話す」に関連する動詞はたくさんあります。ここでは talk, speak, tell, say の４つを区別していきます。大きく分けると、talk, speak と tell, say の２つのグループに分けることが可能です。**talk, speak が自動詞**、**tell, say が他動詞**になります。

talkとspeakは自動詞

　talk と speak は自動詞です。後ろに前置詞の to などを挟み、人にあたる目的語を置きます。実際、talk と speak は一部の用法は共通していて、簡単に言うと **talk は相手が必要な「おしゃべり」**、**speak は話者に焦点を当てた「話しかける」**という違いがあります。talk には、目的語に話題をとって **talk about「〜について話す」**という表現があります。

> ❶ Let's **talk about** the next travel plan.
>
> 訳 次の旅行の計画について話をしよう。

　続いて、目的語に人を取って、**talk to「〜と話す」**があります。

> ❷ I would like to **talk to** you for a few minutes.
>
> 訳 数分間あなたとお話ししたいのですが。

　例外的に他動詞で使う場合に、**talk O into doing「O を説得して〜させる」**という用法があります。

❸ I talked my father into buying me a nice bag.

訳 私は父を説得して、素敵なバッグを
買ってもらった。

次に、speak は人を目的語にとると、speak to「〜と話す」、そして話題を目的語にとると speak about「〜について話す」、両者をセットで使うと、speak to 人 about 話題「（人）と（話題）について話す」となります。

❹ He spoke to me about his family.

訳 彼は私に彼の家族について話してくれた。

続けて、**目的語に言語をとる場合に限って**、speak は他動詞で使用することができます。speak English「英語を話す」や、speak Japanese「日本語を話す」のように使います。

❺ Do you speak English?

訳 あなたは英語を話しますか？

次に、tell と say に進みます。

tellとsayは他動詞

tell と say は直接目的語を後ろにとる他動詞です。意味上は、tell は「伝える」で talk と同様に相手が必要、say は「言葉を発する」で speak と同様に話し相手は必ずしも必要ではありません。tell の最初の用法は、tell A about B「A に B について話す」になります。例えば、She told me about her company.「彼女は私に自分の会社について話してくれた」と使います。

❻ She **told** me **about** her company.

訳 彼女は私に自分の会社について話してくれた。

続いて、tell の代表的な用法に、tell O₁ O₂「O₁ に O₂を伝える」があります。

❼ Could you **tell** me the way to the station?

訳 駅への行き方を教えてくれますか？

ちなみに、「道を教えてもらう」という場合、teach ではなく tell を使います。**teach は知識や技能を教える動詞**で、**tell は単に情報を伝える**ので、「道を教える」は tell を使います。続いて、tell O₁ O₂の O₂に that 節が入った **tell O that ～「O に～を伝える」**があります。

❽ My mother **told** me that I should see the doctor.

訳 母は私に、医者に診てもらうように言った。

tell の最後の語法は **tell O to do「O に～するように伝える」**です。**人に命令を伝える**ときに使います。

❾ My parents **told** me to study hard.

訳 両親は私に一生懸命勉強するように言った。

最後が say の語法になります。**say は「言葉を発する」**で、**目的語に発言の内容や言葉そのものをとる**ことができます。例えば、目的語に that 節をとって、**say that「～と言う」**です。

❿ He said that he would return by noon.

訳 彼は昼までには戻ってくると言った。

最後に言葉そのものを目的語にとって、say hello to「～によろしく言う」、say good-bye「さよならを言う」、say yes「はいと言う」などがあります。

⓫ He said good-bye and left.

訳 彼はさよならを告げて、その場を立ち去った。

　ちなみに、good-bye とは、God be with you. の短縮形です。God を直接言うのを避けてぼかすと、Good になります。you はその昔 ye という表記だったので、その名残で be with you を bye と表記して、good-bye の出来上がりです。

　ここまでを整理すると、talk と speak は通常自動詞で、tell と say は他動詞になります。例外的に、talk O into doing「O を説得して～させる」、speak 言語 の場合は、talk と speak は他動詞で使用します。それぞれの動詞と相性のよい前置詞、文型をセットで覚えておきましょう。

Part
9
動詞の語法

「言う」の語法のまとめ

● talk と speak は自動詞

・後ろに話題がくると talk about

・後ろに話し相手をとると talk to, speak to

・例外の他動詞用法は、talk O into doing「O を説得して～させる」や speak 言語 （speak English など）

● tell と say は他動詞

・tell A about B「A に B について話す」

・tell O₁ O₂「O₁に O₂を伝える」　　　・tell O that ～「O に～を伝える」

・tell O to do「O に～するように伝える」・say that ～「～と言う」

・say hello to ～「～によろしく言う」　　・say good-bye「さよならを言う」

59

Lesson 51「合う」の語法

> **ここがPOINT!**
>
> fit はサイズ ／ suit は色や服装 ／ go with はものとものが合う

日本語でひと口に「合う」といっても、英語では fit, suit, go with, agree with とたくさんあります。

fitは「体にフィットする」

その中でも fit は、「体にフィットする」というように、「人にサイズが合う」という文脈で使います。洋服のサイズが合う場合や、靴のサイズが合う場合にも使うことができます。

> **❶ These shoes just fit me.**
>
> 訳 この靴は私にぴったりです。

続いて、suit の用法です。

suitは色や服装が「似合う」

続いて、suit は人などを目的語にとって、服装がその人に「似合う」という意味での「合う」です。例えば、「その帽子はとてもよく似合うよ」と言いたいときに、The hat suits you very much. とします。

> **❷ The hat suits you very much.**
>
> 訳 その帽子はあなたにとてもよく似合っている。

続いて、「色が合う」という文脈でも suit を使うことができます。

> **❸ Blue suits you very much.**
>
> 訳 あなたに青はとてもよく似合う。

ちなみに、become を第3文型で使う become O「O に似合う」も suit と近い用法です。続いて、go with の用法に進みます。

go withは「ものとものの調和がとれている」

　go with は主語と目的語にものをとって、「ものとものの調和がとれている」という意味での「合う」です。例えば、主語にネクタイ、目的語にジャケットをとって、「ネクタイとジャケットの調和がとれている」という「合う」になります。

> ❹ His tie **goes with** his jacket.
>
> 訳 彼のネクタイは、ジャケットに合っている。

　ちなみに、go with は 1 語で match に置き換えることができます。最後に agree with「合う」の用法です。

agree withは「体質に合う」

　agree with は、主語に気候や食べ物、目的語に人をとり、「人の体質に合う」という文脈で使います。

> ❺ This wet climate doesn't **agree with** me.
>
> 訳 この雨の多い気候は、私には合わない。

Part
9
動詞の語法

「合う」の語法のまとめ
- fit 人　　　　　　　　　　　「人にサイズが合う」
- suit 人 = become 人　　　　「(色・服装が) 人に似合う」
- go with もの = match もの　「ものとものの調和がとれている」
- agree with 人　　　　　　　「(食べ物や気候が) 人の体質に合う」

Lesson48　自動詞と他動詞の語法

自動詞	他動詞
rise「上がる」	raise「上げる」
grow up「育つ」	bring up = raise O「育てる」
lie（lie-lay-lain） 「横になる（いる）」	lay（lay-laid-laid） 「横にする（置く）」

Lesson49「貸す・借りる」の語法

● 「借りる」は有料が rent（家や部屋）／ 無料が borrow（移動可能）・use（移動不可能）
● 「貸す」は lend O_1 O_2 ／ 家を有料で貸すのは rent

Lesson50「言う」の語法

● talk と speak は自動詞。後ろに話題がくると talk about ／後ろに話し相手をとると talk to, speak to ／例外の他動詞用法は、talk O into doing「O を説得して～させる」や speak 言語 （speak English など）
● tell と say は他動詞。tell A about B「A に B について話す」／ tell O_1 O_2「O_1 に O_2 を伝える」／ tell O that ～「O に～を伝える」／ tell O to do「O に～するように伝える」や say that ～「～と言う」／ say hello to ～「～によろしく言う」、say good-bye「さよならを言う」

Lesson51「合う」の語法

● fit 人 　　　　　　　　　　「人にサイズが合う」
● suit 人 = become 人 　　「（色・服装が）人に似合う」
● go with もの = match もの 　「ものとものの調和がとれている」
● agree with 人 　　　　　　「（食べ物や気候が）人の体質に合う」

英文法コラム⑨
「疑う」の語法

　doubt も「疑う」と訳し、suspect も「疑う」と訳します。よって、両者を区別しなければならないのですが、初めて両者の区別に関する説明を読んだとき、なかなか理解できなかったのを思い出します。doubt は否定的に疑う、suspect は肯定的に疑うといったような説明でしたが、「疑っておきながら肯定的って何だろう？」と疑問が拭えませんでした。

　実は上記の説明は、重要な情報が抜けています。doubt と suspect の区別が問題になるのは、両者ともに目的語に that 節を従えたときになります。そうすると、「疑う」の意味から離れて、単純に doubt that「〜ではないと思う」、suspect that「〜だと思う」の意味になるだけなのです。

doubt that = don't think that 〜

　英語を英語で理解すると、doubt that = don't think that 〜「〜ではないと思う」になります。

例 **I doubt that** my team will win.

訳 私は自分のチームは勝てないと思う。

　ちなみに、don't doubt that になると二重否定になって、「絶対に〜と思う」と強い肯定表現になります。

suspect that = think that 〜

　一方で、suspect that は、think that 〜「〜だと思う」と同じ意味になります。

例 **I suspect that** he is telling a lie.

訳 私は彼が嘘を言っていると思う。

61

Lesson 52 形容詞の語法

> ここが **POINT!**
>
> 「高い・安い」と「多い・少ない」を使い分ける !!

日本語の「高い・安い」に相当する英語には、expensive, cheap があります。しかし、例えば「そのバッグの価格は、予想していたよりも高い」を、英語で The price for that bag is more expensive than I expected. としてはいけません。

price, salary, incomeにexpensive, cheapは使わない

expensive は正確に言うと「高価な」、すなわち「高い価格の」という意味で、これ自体に price のニュアンスが含まれており、重複するので使いません。その場合は、シンプルに high を使えばいいのです。

---

❶ The price for that bag is higher than I expected.

訳 そのバッグの価格は予想していたよりも高い。

次に、例えば「私の給料は、若い頃はとても安かった」と言いたいときに、My salary was very cheap when young. としてはいけません。察しのいい方はおわかりのとおり、cheap は正確には「安価な」という意味で、これ自体に「価格」の意味が含まれています。price と同様に salary も「給料」＝「毎月の労働の対価」なので、「高い低い」は、expensive, cheap を使わずに、high, low を使って表します。

---

❷ My salary was very low when young.

訳 私の給料は、若い頃はとても安かった。

---

price, salary と同様の考え方をするものに、income「収入」があります。「収入」も「労働の対価」の意味なので、高低には expensive, cheap を使わずに、high, low を使って表します。続いて、「多い・少ない」の語法に進みます。

traffic, population, audienceにmuch, littleは使わない

　次に、「交通が多い」と言いたいとき、思わず The traffic is much. としてしまいがちです。traffic は正しくは「交通量」です。すると、「量」は多いと重く、少ないと軽いので、traffic は heavy, light を使って表します。

> ❸ The traffic is usually **heavy** around here.
>
> 訳 このあたりはたいてい道路が混んでいる。

　続いて、population「人口」が多い・少ないをどう表すかを考えていきます。これもつい much, little を使うのかと思いがちですが、使いません。population「人口」は、1人2人と、個々の人に焦点を当てた表現ではなく、そこに住む人全体と大きなカタマリでとらえた表現です。よって、そのカタマリが大きいか小さいかと考えて、large, small で表します。

> ❹ How **large** is the population of Tokyo?
>
> 訳 東京の人口はどのくらいですか？

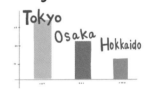

　他には、audience「聴衆」も同様に「多い・少ない」を large, small で表します。聴衆1人ひとりに焦点を当てた表現ではなく、聴衆全体のカタマリでとらえて、それが大きいか小さいかで考えるので large, small で表します。

形容詞の語法のまとめ

● price「価格」／ salary「給料」／ income「収入」の高低に expensive「高価な」、cheap「安価な」は使わずに high, low を使う

● traffic「交通量」が「多い・少ない」は heavy, light を使う

● population「人口」, audience「聴衆」が「多い・少ない」は large, small を使う

Lesson 53　副詞の語法

62

> **ここが POINT!**
>
> agoは過去時制、beforeは過去完了形／these daysは現在時制、それ以外はrecently

　過去時制で「〜前」を表すときは、ago を使います。例えば、「その授業は10分前に終わった」と言いたいとき、The class was over ten minutes ago. とします。

---

❶ The class was over ten minutes ago.

🈩 その授業は10分前に終わった。

```
18 : 30
ten minutes ago
18 : 20
```

　続いて、英語でもう1つ「〜前」という意味の before を見ていきます。

agoは過去時制で、beforeは過去完了形

　過去を基準に「〜前」と言うときは、過去完了形を用いて before を使います。例えば、「駅に着くと、終電は10分前に出発していた」と言いたいとき、When I got to the station, the last train had left ten minutes before. とします。この before は副詞の before なので、〜 before で「〜前」となります。

---

❷ When I got to the station, the last train had left ten minutes before.

🈩 駅に着くと、終電が10分前に出発したところだった。

```
24 : 00
ten minutes before
23 : 50
```

　ちなみに、before は単独で使うと I have seen you before.「以前あなたと会ったことがある」と現在完了形の文で使うことができます。続いて、「最近」の語法に進みます。

英語で「最近」と言うときには、these days, recently, nowadays, lately などがあります。これらの使い分けを学んでいきましょう。

these daysは現在時制、それ以外はrecently

「最近」というと、おもに these days と recently を使います。these days は、現在時制で使います。

> ❸ **These days** more and more women work after marriage.
>
> 訳 最近、ますます多くの女性が結婚後も仕事をする。

ちなみに、nowadays「最近」は、these days をかたくした表現で、こちらも現在形で使います。おもに書き言葉と相性のよい表現です。一方、現在時制以外の過去時制や現在完了形で「最近」と言いたいときには、recently を使います。例えば、「彼は最近結婚した」と過去時制で表現したいときには、He got married recently. とします。

> ❹ He got married recently.
>
> 訳 彼は最近結婚した。

「最近」は、時制で使い分けます。現在形の「最近」は、these days や少しかたい表現の nowadays を使います。一方、過去形、現在完了形の「最近」は recently を使って、lately はおもに現在完了形で使います。

【副詞の語法のまとめ】
- ● 〜 ago は過去形と使用 ⇔ 〜 before は過去完了形と使用
- ● 現在形の「最近」　　　　⇒ these days ／ nowadays
- ● 過去形・現在完了形の「最近」　⇒ recently ／ lately

63

Lesson 54 「お客」の語法

> **ここが POINT!**
>
> 6種類の「お客」を使い分ける !!

　日本語でひと口に「客」といっても、英語ではさまざまな「客」を表す言葉があります。passenger, customer, guest, visitor, audience, spectator, client を、それぞれ何の客なのかを理解する必要があります。まずは、passenger から見ていきましょう。

passengerは「目の前を通り過ぎる客」

　passenger は、pass「通り過ぎる」＋ -er「〜する人」＝「目の前を通り過ぎる人」から、バスやタクシーなどに乗って、目の前を通り過ぎていく客なので、「乗客」を意味します。バスに乗り込もうとして大勢の乗客を見かけると、There are many passengers on this bus.「このバスには多くの乗客がいる」と表現します。

---

❶ There are many passengers on this bus.

訳 このバスにはたくさんの乗客がいる。

　続いて、customer「顧客」に進みます。

customerは「習慣的に買い物をしてくれる人」

　customer「顧客」と言われてもピンとこないかもしれません。「顧客」とは、「お得意様の客」を意味しますが、これも語源を理解することで意味がわかります。custom「習慣」＋ -er「〜する人」から、「習慣的に買い物をしてくれる人」になります。まさに、customer「お得意様の客」、「買い物客」になります。

---

❷ He is a regular customer at this shop.

訳 彼はこのお店の常連客だ。

続いて、guest「招待客」に進みます。

guestは「招待客」と「ホテルの宿泊客」

guest「招待客」は日本語でゲストというのでイメージしやすいでしょう。例えば、「パーティやレストランの招待客」を意味します。もう１つは hotel guest「ホテルの宿泊客」という用法があります。ホテルの宿泊客は、招待客のようにおもてなしをするという意味が含まれているのでしょう。

❸ The hotel takes very good care of its guests.

訳 そのホテルは宿泊客をとてもよく
もてなしてくれる。

続いて、visitor「訪問客」です。

visitorは「自発的に訪れる客」

visitor は、visit「訪れる」＋ -er「〜する人」から、「自発的に訪れる客」を意味します。家に招いた guest ではなくて、事前に連絡したり、突然チャイムを鳴らして自ら訪れたりする客を意味します。自発的に訪れるという文脈から、「観光客」を意味することもあります。

❹ We have many visitors from the U.S. every year.

訳 アメリカから毎年たくさんの観光客が来る。

次に、audience「聴衆」に進みます。

audienceは「音」を楽しむ客

　続いて、audience は audio「音」を楽しむ客なので、コンサートなどの「聴衆」を意味します。「聴衆」とは、「聴く」という字からわかるとおり、演説会や音楽会に集まった客を指します。

❺ There was a large audience at the concert.

🈑 そのコンサートには、多くの聴衆がいた。

　続いて、spectator「観客」に進みます。

spectatorは「目で見て」楽しむ客

　spectator は、spect「見る」+ -or「〜する人」から「目で見て」楽しむ客なので、野球などを観戦する「観客」を意味します。audience が「耳で」聞いて楽しむ客なのに対して、spectator は「目で」見て楽しむ客を意味します。

❻ There were many spectators at the baseball game.

🈑 その野球の試合には多くの観客がいた。

　最後に、client「依頼人」を紹介します。

clientは「弁護士の客」

client は同じ客であっても弁護士の客で、「依頼人」を意味します。

❼ **I am acting for my client.**

訳 私は依頼人の代理をつとめております。

「お客」の語法のまとめ

● passenger「乗客」　　　　　　　　⇒ 目の前を pass「通り過ぎる」客
● customer「顧客」　　　　　　　　　⇒ custom「習慣」的に買い物する客
● guest「(パーティなどの)招待客、宿泊客」⇒ パーティやホテルでもてなす客
● visitor「訪問客、観光客」　　　　　⇒ 自発的に訪れる客
● audience「聴衆」　　　　　　　　　⇒ audio「音」を楽しむ客
● spectator「観客」　　　　　　　　⇒ spect「目で見て」楽しむ客
● client「依頼人」　　　　　　　　　⇒ 弁護士の客

Lesson 55 「お金」の語法

64

> ### ここが POINT!
> 5種類の「お金」を使い分ける !!

「お金」を意味する5つの名詞を紹介します。fee から見ていきましょう。

feeは「専門職への謝礼」

fee は「専門職への謝礼」です。a tuition fee「授業料」は学校の先生への謝礼、an entrance fee「入会金」はトレーナーなどの専門職がいるジムに入る謝礼、an admission fee「入場料」は遊園地などの娯楽を扱う専門職の方々への謝礼になります。

---

❶ The tuition **fee** for the school is very high.

訳 その学校の授業料はとても高い。

続いて、fare「運賃」に進みます。

fareは「(交通機関の)運賃」

fare は、バスやタクシーなどの交通機関の「運賃」を意味します。

---

❷ The bus **fare** is about $10.

訳 そのバスの運賃はおよそ10ドルだ。

続いて、fine「罰金」です。

fineは「(犯罪をお金で終わらせる)罰金」

fine は「罰金」の意味で、finish「終わる」と同じ語源です。スピード違反などの犯罪をお金で終わらせると「罰金」になります。

❸ I paid a $40 fine for speeding.

訳 スピード違反で40ドルの罰金を支払った。

続いて、cost「費用」に進みます。

costは「(何かにかかる)費用」

cost「費用」は、「対価」といってもいいでしょう。何かにかかるお金のことをいいます。the cost of living「生活費」も、生活にかかるお金のことです。

❹ The cost of living here is very high.

訳 ここの生活費はとても高い。

最後は、charge「料金」です。

chargeは「(サービスに支払う)料金」

charge は「ガス代や電気代などの公共サービスへの料金」に使うことがあります。

❺ The charges for the utilities are low this month.

訳 今月は公共料金が安い。

> **「お金」の語法のまとめ**
> ● fee「(専門職への)謝礼」　　　⇒ tuition fee「授業料」
> 　　　　　　　　　　　　　　　　　admission fee「入場料」
> ● fare「(交通機関の)運賃」　　　⇒ a bus fare「バスの運賃」
> ● fine「(犯罪をお金で終わらせる)罰金」⇒ fine for speeding「スピード違反の罰金」
> ● cost「(何かにかかる)費用」　　⇒ the cost of living「生活費」
> ● charge「(サービスに支払う)料金」⇒ the charges for the utilities「公共料金」

Part10　形容詞・副詞・名詞の語法のまとめ

Lesson52　形容詞の語法

- price「価格」、salary「給料」、income「収入」の高低には high, low を使う
- traffic「交通量」が「多い・少ない」は heavy, light を使う
- population「人口」、audience「聴衆」が「多い・少ない」は large, small を使う

Lesson53　副詞の語法

- 〜 ago は過去形と使用 ⇔ 〜 before は過去完了形と使用
- 現在形の「最近」は these days ⇔ 過去形・現在完了形の「最近」は recently

Lesson54「お客」の語法

- passenger「乗客」　　　　　　　➔ 目の前を pass「通り過ぎる」客
- customer「顧客」　　　　　　　➔ custom「習慣」的に買い物する客
- guest「(パーティなどの)招待客、宿泊客」➔ パーティやホテルでもてなす客
- visitor　　「訪問客、観光客」　➔ 自発的に訪れる客
- audience　「聴衆」　　　　　　➔ audio「音」を楽しむ客
- spectator　「観客」　　　　　　➔ spect「目で見て」楽しむ客
- client　　「依頼人」　　　　　➔ 弁護士の客

Lesson55「お金」の語法

- fee　　「(専門職への)謝礼」　➔ tuition fee「授業料」
  admission fee「入場料」
- fare　「(交通機関の)運賃」　➔ a bus fare「バスの運賃」
- fine　「(犯罪をお金で終わらせる)罰金」➔ fine for speeding「スピード違反の罰金」
- cost　「(何かにかかる)費用」　➔ the cost of living「生活費」
- charge「(サービスに支払う)料金」➔ the charges for the utilities「公共料金」

COLUMN

英文法コラム⑩
「予約」の語法

　日本語の「予約」にあたる表現には、appointment と reservation があります。両者を区別して使い分けましょう。

appointmentは「人との面会の約束」

　appointment は、正確には「人との面会の約束」です。例えば、「誰かとアポを取る」というときは、「誰かと会う約束をする」ということなので、医師や歯医者などの病院の予約や美容院の予約にまで幅広く使うことができます。

> **例** I have an **appointment** to see a doctor today.
>
> **訳** 私は今日医者の予約がある。

　続いて、reservation です。

reservationは「部屋・座席の確保」

　reservation の「予約」は、「座席・部屋の確保」です。動詞の reserve「取っておく」からわかるように、「座席・部屋を取っておくこと」です。列車や飛行機、レストランの座席からホテルの部屋の予約まで広く使います。reservation はアメリカ英語で、イギリス英語では booking「予約」が同じ意味です。日本語でも二重に予約することを「ダブルブッキング」と言いますね。book が動詞で「予約する」の意味になることもおさえておきましょう。

> **例** I have to make a dinner **reservation**.
>
> **訳** 私は夕食の予約をしなければならない。

4技能トレーニング

以下の例文を読みながら、英文を聞く、読む、話す、書くトレーニングをしましょう。

 **トレーニング**

66

1 This book is both interesting and useful.
2 I am not from China, but from Japan.
3 Not only my wife but also my daughter was laughing.
4 When I was in high school, I often played basketball.
5 I have been working since I graduated from university.
6 The movie was so exciting that I couldn't sleep at night.
7 The fact that you are my friend is important.
8 You should study hard so that you can pass the exam.
9 By the time I got home, my family had finished dinner.
10 As soon as you get to the station, please let me know.

書く トレーニング

11 ここだけの話、この方針はよくない。
   (   ) (   ) (   ) (   ), this policy is not good.
12 彼はとても優れた先生なので、私は彼を尊敬している。
   He is (   ) an excellent teacher (   ) I respect him.
13 私が家に着くとすぐに雨が降り始めた。
   No sooner (   ) (   ) (   ) home (   ) it started raining.

4技能トレーニング

以下の例文を読みながら、英文を聞く、読む、話す、書くトレーニングをしましょう。

 トレーニング

67

1　There is a lot of furniture in this shop.
2　I need some information about this place.
3　I have to finish a lot of homework.
4　I went to bed at ten last night.
5　I came here by bus.
6　He earns 100,000 yen a month.
7　I saw a movie yesterday. The movie was very interesting.
8　Mt. Fuji is the highest mountain in Japan.
9　Look at the moon. It's very beautiful.
10　It is important to respect the old.

書く トレーニング

11　イギリス人は日本人といくつかの点で似ている。
（　　　　　）（　　　　　　　）are similar to（　　　　　）
（　　　　　）in some ways.
12　私は彼の娘と仲よくなった。
I（　　　　　）（　　　　　　）（　　　　　）his daughter.
13　私は彼女の腕をつかんだ。
I（　　　　）her（　　　　　）（　　　　　）arm.

4技能トレーニング

以下の例文を読みながら、英文を聞く、読む、話す、書くトレーニングをしましょう。

 トレーニング

1. I like your wallet better than mine.
2. Please seat yourself.
3. Please help yourself to the cake.
4. I could not make myself heard in the shop.
5. I've lost my wallet. I have to buy a new one.
6. I've lost my wallet. Do you know where it is?
7. I will lend you some money if you need it.
8. All of the three women were absent from the meeting.
9. Most of the girls in those days played volleyball.
10. Most of us work too much.

書く トレーニング

11. 私はフランス語で自分の言うことを理解してもらえなかった。
    I could not (   ) (   ) (   ) in French.

12. 知っていることと教えることは別のことだ。
    To know is (   ) (   ), and to teach is (   ).

13. コーヒーが好きな人もいれば、紅茶が好きな人もいる。
    (   ) like coffee, and (   ) like tea.

4技能トレーニング

以下の例文を読みながら、英文を聞く、読む、話す、書くトレーニングをしましょう。

1 I tried not to wake up my sleeping son.
2 It is possible for him to realize his dream.
3 I tried every imaginable method.
4 He has great imaginative powers.
5 My brother is a sensible man.
6 Don't be so sensitive.
7 I am respectful toward the elderly.
8 There are a few apples in my home.
9 There are quite a few toys in his room.
10 There were only a few people in that park.

書く トレーニング

11 私は彼ほどものを書くのが上手ではない。

I am (　　　　) (　　　　) (　　　　) a writer as he is.

12 私はいつも朝食後に散歩をする。

I (　　　　) (　　　　) (　　　　) (　　　　) after breakfast.

13 ここで生活しているほぼ全員が、移動のために車を使う。

(　　　　) (　　　　) living here uses cars for transportation.

4技能トレーニング

以下の例文を読みながら、英文を聞く、読む、話す、書くトレーニングをしましょう。

1 Everyone in the class laughed at him.
2 I didn't break the dish on purpose.
3 Dinner will be ready in ten minutes.
4 The heavy rain prevented me from going out.
5 Are you for or against the plan?
6 You should be independent of your parents.
7 They robbed the woman of her wallet.
8 I informed her of my new address.
9 I cut the meat with a knife.
10 He solved the problem with ease.

書く トレーニング

11 驚くことに、そのチームが負けてしまった。
   (　　　　)(　　　　　)(　　　　　　　), the team lost the game.

12 時はきわめて重要だ。
   Time is (　　　　　)(　　　　　)(　　　　　).

13 私は家から職場まで歩いて通っている。
   I walk (　　　　　) my house (　　　　　) my office.

4技能トレーニング

以下の例文を読みながら、英文を聞く、読む、話す、書くトレーニングをしましょう。

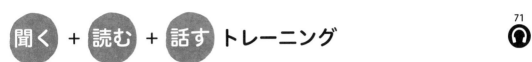

聞く + 読む + 話す トレーニング 🎧 71

1　I rarely go to the movies.
2　He could hardly understand the teacher.
3　Nobody knows what may happen tomorrow.
4　The rich are not necessarily happy.
5　Not all children like soccer.
6　The book is far from satisfactory.
7　She is by no means stupid.
8　He is anything but a gentleman.
9　It is very cold, isn't it?
10　What did you go there for?

書く トレーニング

11　彼女は最もそのようなことをしそうにない。

She is (　　　　) (　　　　) person (　　　　) do that.

12　なぜあなたは怒っているの？

How come (　　　　) (　　　　) (　　　　)?

13　私には、なぜあなたが喜んでいるのかがわからない。

I don't know why (　　　　) (　　　　) (　　　　).

4技能トレーニング

以下の例文を読みながら、英文を聞く、読む、話す、書くトレーニングをしましょう。

聞く + **読む** + **話す** トレーニング

72

1　What in the world did you say to him?
2　What on earth are you doing?
3　I don't watch TV at all.
4　I didn't understand the lecture in the least.
5　This is the very movie I have wanted to see.
6　When young, I was interested in Hollywood movies.
7　If necessary, you can use my PC.
8　I would like to take a picture with you, if possible.
9　He went there, though his parents told him not to.
10　It is not what you say that matters, but how you say it.

書く トレーニング

11　映画を観に行かない？

Would you like to go to the movies?
ぜひ行きたい。
(　　　　)(　　　　)(　　　　).

12　父は数学の教師で、母は英語の教師だ。

My father teaches mathematics and (　　　　)
(　　　　)(　　　　).

13　嘘をついたのは、トムではなくてマイクだ。

It was (　　　　)(　　　　)(　　　　)(　　　　)
that told a lie.

4技能トレーニング

以下の例文を読みながら、英文を聞く、読む、話す、書くトレーニングをしましょう。

 + + 話す トレーニング 73

1　He raised his hand to express his opinion.
2　I am going to rent an apartment in Tokyo next month.
3　Could I borrow your bike?
4　Could I use your bathroom?
5　Could you lend me some money?
6　I would like to talk to you for a few minutes.
7　My parents told me to study hard.
8　He said good-bye and left.
9　These shoes just fit me.
10　The hat suits you very much.

書く トレーニング

11　私は親を敬うように育てられた。

I (　　　　　) (　　　　　) (　　　　　　) to respect my parents.

12　駅への行き方を教えてくれますか？

Could you (　　　　　) (　　　　　) (　　　　　)
(　　　　　) to the station?

13　私は自分のチームは勝てないと思う。

I (　　　　　) that my team will win.

4技能トレーニング

以下の例文を読みながら、英文を聞く、読む、話す、書くトレーニングをしましょう。

 トレーニング 74

1 The price for that bag is higher than I expected.
2 My salary was very low when young.
3 The traffic is usually heavy around here.
4 The class was over ten minutes ago.
5 When I got to the station, the last train had left ten minutes before.
6 The bus fare is about $10.
7 I paid a $40 fine for speeding.
8 The cost of living here is very high.
9 The charges for the utilities are low this month.
10 I have to make a dinner reservation.

書く トレーニング

11 彼は最近結婚した。

He (　　　　) (　　　　) (　　　　).

12 その学校の授業料はとても高い。

The (　　　　) (　　　　) for the school is very high.

13 私は今日医者の予約がある。

I have an (　　　　) (　　　　) (　　　　) a doctor today.

Part1

11 (Between) (you) (and) (me), this policy is not good.

12 He is (such) an excellent teacher (that) I respect him.

13 No sooner (had) (I) (gotten) home (than) it started raining.

Part2・3

11 (The) (British) are similar to (the) (Japanese) in some ways.

12 I (made) (friends) (with) his daughter.

13 I (caught) her (by) (the) arm.

Part4

11 I could not (make) (myself) (understood) in French.

12 To know is (one) (thing), and to teach is (another).

13 (Some) like coffee, and (others) like tea.

Part5

11 I am (not) (as) (good) a writer as he is.

12 I (always) (take) (a) (walk) after breakfast.

13 (Almost) (everybody) living here uses cars for transportation.

Part6

11 (To) (my) (surprise), the team lost the game.

12 Time is (of) (great) (importance).

13 I walk (from) my house (to) my office.

Part7

11 She is (the) (last) person (to) do that.

12 How come (you) (are) (angry)?

13 I don't know why (you) (are) (happy).

Part8

11 Would you like to go to the movies?
   (I'd) (love) (to).

12 My father teaches mathematics and (my) (mother)
   (English).

13 It was (not) (Tom) (but) (Mike) that told a lie.

Part9

11 I (was) (brought) (up) to respect my parents.

12 Could you (tell) (me) (the) (way) to the station?

13 I (doubt) that my team will win.

Part10

11 He (got) (married) (recently).

12 The (tuition) (fee) for the school is very high.

13 I have an (appointment) (to) (see) a doctor today.

おわりに

本書を手に取り、最後まで読んでくださって、本当にありがとうございました。

本書では、前作で扱いきれなかった**高校英文法の残りの分野と語法**を説明しました。特に、**接続詞、前置詞**という重要分野を集中的に解説しました。

あいまいな概念には、常に具体例を用いて、例文のイメージがはっきりとわかるイラストを各例文につけました。

基礎的な内容は、各レッスンで紹介して、応用文法は**プラスα**や**英文法コラム**で紹介しました。

本書は、中学生、現役の高校生から高校を卒業された社会人の方まで、幅広い層の方を意識して、執筆いたしました。

いくつになっても学びは身を助け、自らを成長させてくれます。本書が、皆さんの成長に少しでもお力になれたら、本当に嬉しい限りです。

前作に引き続き、本書の企画・編集を担当してくださった（株）かんき出版の前澤美恵子様、本書に素敵なデザインを施してくださったニクスインクの二ノ宮様、イラストを描いてくださった藤田ヒロコ様、本書の校正を念入りにしてくださった（株）エディット様と複数の先生方、最後までお付き合いいただいた読者の皆様に、心から御礼申しあげます。

肘井　学（ヒジイ　ガク）

MEMO

MEMO

MEMO

著者紹介

肘井 学（ひじい・がく）

◉──慶應義塾大学文学部英米文学専攻卒業。全国のさまざまな予備校をへて、リクルートが主催するネット講義サービス「スタディサプリ」で教鞭をとり、高校生、受験生から英語を学びなおす社会人まで、圧倒的な満足度を誇る。

◉──「スタディサプリ」で公開される「英文読解」の講座は、年間25万人の生徒が受講する超人気講座となっている。さらに、「東大英語」「京大英語」まで担当し、受講者に多くの成功体験を与えている。

◉──週刊英和新聞「朝日ウィークリー（Asahi Weekly)」にてコラムを連載するなど、幅広く活躍中。

◉──著書に『大学入試 肘井学の 読解のための英文法が面白いほどわかる本』『大学入試 肘井学の ゼロから英語長文が面白いほどわかる本』『大学入試 肘井学の ゼロから英文法が面白いほどわかる本』（以上KADOKAWA）、『大学入試 すぐわかる英文法』（教学社）、『高校の英文法が1冊でしっかりわかる本』『高校の英文読解が1冊でしっかりわかる本』『大学入試レベル別英語長文問題ソリューション1スタンダードレベル』『同2ハイレベル』『同3トップレベル』（以上かんき出版）などがある。

かんき出版 学習参考書の
ロゴマークができました！

マナPenくん®

®

明日を変える。未来が変わる。

マイナス60度にもなる環境を生き抜くために、たくさんの力を蓄えているペンギン。
マナPenくんは、知識と知恵を蓄え、自らのペンの力で未来を切り拓く皆さんを応援します。

高校の英文法・語法が1冊でしっかりわかる本

2021年 4月 5日　第1刷発行
2024年 4月23日　第4刷発行

著　者──肘井 学
発行者──齊藤 龍男
発行所──株式会社かんき出版
　　　　　東京都千代田区麹町4-1-4 西脇ビル　〒102-0083
　　　　　電話　営業部：03(3262)8011代　編集部：03(3262)8012代
　　　　　FAX　03(3234)4421　　　　振替　00100-2-62304
　　　　　https://kanki-pub.co.jp/
印刷所──図書印刷株式会社

・カバーデザイン
　八木麻祐子（lsshiki）
・本文デザイン
　二ノ宮匡（nixinc）
・DTP
　ニッタプリントサービス
・校正
　エディット
※QRコードは(株)デンソーウェーブの登録商標です